KB268975

朱熹 章句 集註
原文 懸吐 讀解

大學章句集註·中庸章句集註

金 東 求 改訂 校閱

明文堂

大學章句集註

개정판 사서집주를 출판하면서

(1) 인류가 하나 되고 진정한 세계 평화를 확립하기 위해서는 모든 사람이 착한 본성을 바탕으로 절대선의 하늘의 도리를 따르고 실천해야 한다.

(2) 가정 사회 국가에서 상하좌우 모든 사람이 효도 윤리 도덕을 실천해야 한다.

(3) 그러기 위해서는 동양의 전통 사상과 철학을 배우고, 또 바르고 깊이 알아야 한다.

(4) 그 기본 경전이 바로 주자(朱子)가 편찬한 「사서집주(四書集註)」다. 즉 다음과 같다.

　　① 대학장구집주(大學章句集註)

　　② 중용장구집주(中庸章句集註)

　　③ 논어집주(論語集註)

　　④ 맹자집주(孟子集註)

(5) 원본은 영조(英祖) 경진(庚辰)에 간행한 내각장판(內閣藏板) 사서집주대전(四書集註大全)이다.

(6) 기본 체제는 명문당(明文堂)을 창설한 「김혁제(金赫濟) 사장」이 간행한 사서집주의 각본(各本)을 바탕으로 하고 따랐다.

(7) 단 이 책에서 개정한 요점은 다음과 같다.

경문(經文) : 현토 음독은 옛날을 따랐다. 단 한글 풀이는 바르고 깊은 뜻을 오늘에 맞게 요약했다.

집주(集註) : 구절 및 단락만을 표시했다. 단 자음에 대한 주해는 제외했다.

(8) 본사 명문당은 근 1세기에 걸쳐 많은 한문책을 간행 출판했다. 그래서 많은 한학자들이 애독하고 연구했다.

(9) 새로 개정한 이 책들도 많은 지식인들이 애독하기를 바란다.

김동구 삼가 씀

차   례

英祖大王御製序

夫三代盛時　設庠序學校而敎人　此正禮記所云　家有塾　黨有庠　州有序　國有學者也

故人生八歲皆入小學　於大學　則天子之元子衆子以至於公卿大夫元士之適子　與凡民之俊秀者　及其成童　皆入焉　可不重歟

大學之書　有三綱焉　曰明明德　曰新民　曰止於至善也　有八條焉　曰格物　曰致知　曰誠意　曰正心　曰修身　曰齊家　曰治國　曰平天下也

次序井井　條理方方　其學問之道　紫陽朱夫子　序文詳備　以予蔑學　何敢加一辭

然是書　與中庸　相爲表裏　次序條理若是瞭然　而學者　其猶　書自書　我自我　可勝歎哉

噫　明德在何　卽在我一心　明明德之工　在何　亦在我一心

若能實下工夫　正若顏子所云　舜何人　余何人者也

而三代以後　師道在下　學校不興　莫能行灑掃之敎

故筋骸已强 利欲交中 在我之明德 不能自明 旣不
能格致 又何以誠意 旣不能正心 又何以修身 不能
格致 不能誠正 家齊國治 其何望哉 其何望哉

予於十九歲 始讀大學 二十九歲 入學也 又講此
書 而自顧其行 其亦書自我自 心常恧焉

六十三 視學明倫堂也 先讀序文 仍令侍講官及儒
生 次第以講 其日卽甲子也 與朱夫子作序文之日
偶然相符

日雖相符 功效愈邈 尤切靦然 望七之年 因追慕
行三講 而欲取反約 以中庸 循環以講 因經筵官
之 請繼講此書 自此以後 庸學將輪回以講 少時
講此 未見其效 暮年重講 其何望效 尤爲慨然者

紫陽序文 豈不云乎 一有能盡其性者 天必命之
以爲億兆之君師 以予晚學涼德 旣無誠正之工 亦
無修齊之效 而白首衰耗 三講此書 豈不自恧乎

然孔聖云 溫故而知新 若能因此而知新 於予豈不
大有益也哉 仍作序文 自勉靈臺 歲戊寅*十月甲
寅 序

<* 무인(戊寅)：서기 1758년>

讀大學法

[1] 朱子曰　語孟隨事問答　難見要領　惟大學　是
曾子述孔子說　古人爲學之大方　而門人又傳
述　以明其旨　前後相因　體統都具　翫味此書
知得古人爲學所向　却讀語孟便易入　後面工
夫雖多　而大體已立矣
看這一書　又自與看語孟不同　語孟中　只一項
事　是一箇道理　如孟子說仁義處　只就仁義上
說道理　孔子答顏淵　以克己復禮　只就克己復
禮上　說道理　若大學　却只統說　論其功用之
極　至於平天下　然天下所以平　却先須治國
國之所以治　却先須齊家　家之所以齊　却先須
修身　身之所以修　却先須正心　心之所以正
却先須誠意　意之所以誠　却先須致知　知之所
以至　却先須格物
大學是爲學綱目　先讀大學　立定綱領　他書皆
雜說在裏許　通得大學了　去看他經　方見得
此是格物致知事　此是　誠意正心事　此是　修

身事　此是　齊家治國平天下事
今且熟讀大學　作間架　却以他書塡補去
大學是通言學之初終　中庸是指本原極致處
問欲專看一書　以何爲先　曰先讀大學　可見
古人爲學首末次第　不比他書　他書非一時所
言　非一人所記

[2] 又曰　看大學　固是着逐句看去也　須先統讀傳
文敎熟　方好從頭仔細看　若專不識傳文大意
便看前頭亦難

[3] 又曰　嘗欲作一說敎人　只將大學　一日去讀一
遍　看他　如何是大人之學　如何是小學　如何
是明明德　如何是新民　如何是止於至善　日日
如是讀　月來日去自見　所謂溫故而知新　須是
知新　日日看得新　方得却不是道理解新　但自
家這箇意思長長地新
讀大學　初間也　只如此讀　後來也　只如此讀
只是初間讀得　似不與自家相關　後來看熟　見
許多說話　須着如此做　不如此做　自不得
讀書不可貪多　當且以大學爲先　逐段熟讀精
思　須令了了分明　方可改讀後段　看第二段

却思量前段　令文意連屬却不妨

問大學稍通　方要讀論語　曰且未可　大學稍通

正好着心精讀　前日讀時　見得前　未見得後面

見得後　未見得前面　今識得　大綱體統　正好

熟看　讀此書功深　則用博　昔尹和靖　見伊川

半年　方得大學西銘看　今人半年　要讀多少書

某且要人讀此　是如何　緣此書却不多　而規模

周備　凡讀書　初一項　須着十分工夫了　第二

項　只費得八九分工夫　第三項　便只費得六七

分工夫　少間讀漸多　自通貫　他書自著不得多

工夫

看大學　俟見大指　乃及他書　但看時　須是更

將大段　分作小段　字字句句　不可容易放過

常時暗誦默思　反覆研究　未上口時　須敎上口

未通透時　須敎通透　已通透後　便要純熟　直

待不思索時　此意常在心胸之間　驅遣不去　方

是此一段了　又換一段看　令如此數段之後　心

安理熟　覺工夫省力時　便漸得力也

[4]　又曰　大學　是一箇腔子　而今却要塡敎他實

如他說格物　自家須是去格物後　塡敎他實　著

誠意亦然　若只讀得空殼子　亦無益也
讀大學　豈在看他言語　正欲驗之於心如何　如
好好色　惡惡臭　試驗之吾心　果能好善惡惡如
此乎　閒居爲不善　是果有此乎　一有不至　則
勇猛奮躍不已　必有長進　今不知如此　則書自
書　我自我　何益之有

[5] 又曰　某一生　只看得這文字透　見得前賢所未
到處　溫公作通鑑　言平生精力盡在此書　某於
大學　亦然　先須通此　方可讀他書

[6] 又曰　伊川舊日敎人　先看大學　那時未解說
而今有註解　覺大段分曉了　只在仔細看

[7] 又曰　看大學　且逐章理會　先將本文念得　次
將章句來解本文　又將或問來參章句　須逐一
令記得　反覆尋究　待他浹洽　旣逐段曉得　却
統看溫尋過

[8] 又曰　大學一書　有正經　有章句　有或問　看來
看去　不用或問　只看章句便了　久之　又只看
正經便了　又久之　自有一部大學　在我胸中
而正經亦不用矣　然不用某許多工夫　亦看某

底不出　不用聖賢許多工夫　亦看聖賢底不出

[9] 又曰　大學解本文　未詳者　於或問中詳之　且
從頭逐句理會　到不通處　却看或問　乃註脚之
註脚

某解書　不合太多　又先准備學者　爲他設疑說
了　所以致得學者看得容易了

人只說　某說大學　等不略說　使人自致思　此
事大不然　人之爲學　只爭箇肯與不肯耳　他若
不肯向這裏　略亦不解致思　他若肯向此一邊
自然有味　愈詳愈有味

大學章句序

大學之書 古之大學 所以敎人之法也

蓋自天降生民 則旣莫不與之 以仁義禮智之性矣

然其氣質之稟 或不能齊 是以不能 皆有以知 其
性之所有 而全之也

一有聰明睿智 能盡其性者 出於其間 則天必命之
以爲億兆之君師 使之治而敎之 以復其性

此伏羲神農 黃帝堯舜 所以繼天立極 而司徒之職
典樂之官 所由設也

三代之隆 其法寖備 然後王宮國都 以及閭巷 莫
不有學 人生八歲 則自王公以下至於庶人之子弟
皆入小學 而敎之 以灑掃應對 進退之節 禮樂射
御書數之文

及其十有五年 則自天子之元子衆子 以至公卿大
夫元士之適子 與凡民之俊秀 皆入大學 而敎之
以窮理正心 修己治人之道 此又學校之敎 大小之
節 所以分也

夫以學校之設　其廣如此　敎之之術　其次第節目之
詳　又如此　而其所以爲敎　則又皆本之　人君躬行
心得之餘　不待求之　民生日用　彝倫之外

是以當世之人　無不學　其學焉者　無不有　以知其
性分之　所固有　職分之　所當爲　而各俛焉　以盡
其力

此古昔盛時　所以治隆於上　俗美於下　而非後世之
所能及也　及周之衰　賢聖之君不作　學校之政不修
敎化陵夷　風俗頹敗　時則有若孔子之聖　而不得君
師之位　以行其政敎　於是獨取先王之法　誦而傳之
而詔後世

若曲禮少儀內則　弟子職諸篇　固小學之支流餘裔
而此篇者則因小學之成功　以著大學之明法　外有
以極其規模之大　而內有以盡其節目之詳者也

三千之徒　蓋莫不聞其說　而曾氏之傳　獨得其宗
於是作爲傳義　以發其意　及孟子沒　而其傳泯焉
則其書雖存　而知者鮮矣　自是以來　俗儒記誦　詞
章之習　其功倍於小學　而無用

異端虛無　寂滅之敎　其高過於大學　而無實

其他權謀術數　一切以就功名之說　與夫百家衆技
之流　所以惑世誣民　充塞仁義者　又紛然雜出乎
其間

使其君子不幸　而不得聞大道之要　其小人不幸　而
不得蒙至治之澤　晦盲否塞　反覆沈痼　以及五季之
衰　而壞亂極矣

天運循環　無往不復　宋德隆盛　治敎休明　於是河
南程氏兩夫子出　而有以接乎孟氏之傳　實始尊信
此篇　而表章之　旣又爲之次其簡編　發其歸趣

然後　古者大學敎人之法　聖經賢傳之指　粲然復明
於世　雖以熹之不敏　亦幸私淑　而與有聞焉

顧其爲書猶頗放失　是以忘其固陋　采而輯之　間亦
竊附己意　補其闕略　以俟後之君子　極知僭踰無所
逃罪　然於國家化民成俗之意　學者修己治人之方
則未必無小補云.

淳熙己酉二月甲子　新安朱熹序

大學章句

[子程子曰 大學孔氏之遺書 而初學入德之門也
於今可見 古人爲學 次第者 獨賴此篇之存 而論孟
次之 學者必由是 而學焉 則庶乎其不差矣.]

經文 제1장 : 총 7 절

> **(1) 大學之道 在明明德 在親民 在止於至善.**

대학지도(는) 재명명덕(하며) 재친민(하며) 재지어지선(이
니라).

대학의 도는 명덕을 밝힘에 있고, 백성을 친애함에 있
고, 지극한 선에 너무름에 있다.

程子曰 親當作新

大學者 大人之學也 明明之也 明德者 人之所
得乎天 而虛靈不昧 以具衆理 而應萬事者也

但爲氣禀所拘 人欲所蔽 則有時而昏 然其本體
之明 則有未嘗息者 故學者 當因其所發而遂明

之 以復其初也

新者 革其舊之謂也 言旣自明其明德 又當推以
及人使之 亦有以去其舊染之汚也

止者 必至於是 而不遷之意　至善 則事理當然
之極也

言明明德新民皆當止於至善之地　而不遷　蓋必
其有 以盡夫天理之極 而無一毫人欲之私也

此三者 大學之綱領也.

**(2) 知止而后 有定 定而后 能靜 靜而后 能
安 安而后 能慮 慮而后 能得.**

지지이후(에) 유정(이니) 정이후(에) 능정(하며) 정이후(에)
능안(하며) 안이후(에) 능려(하며) 여이후(에) 능득(이니라).

머무를 줄 알아야 안정된다. 안정되어야 조용할 수 있
다. 조용해야 편안할 수 있다. 편안해야 생각할 수 있
다. 생각해야 얻을 수 있다.

止者 所當止之地 卽至善之所在也 知之 則志
有定向 靜謂心不妄動 安謂所處而安 慮謂處事
精詳 得謂得其所止.

(3) 物有本末 事有終始 知所先後 則近道矣.

물유본말(하고) 사유종시(하니) 지소선후(면) 즉근도의(니라).

물(物)에는 본과 말이 있고, 사(事)에는 끝과 시작이 있다. 할 바의 선과 후를 알아야 곧 도에 가깝게 된다.

明德爲本 新民爲末 知止爲始 能得爲終 本始所先 末終所後 此結上文兩節之意.

(4) 古之欲明明德於天下者 先治其國 欲治其國者 先齊其家 欲齊其家者 先修其身 欲修其身者 先正其心 欲正其心者 先誠其意 欲誠其意者 先致其知 致知在格物.

고지 욕명명덕어천하자(는) 선치기국(하고) 욕치기국자(는) 선제기가(하고) 욕제기가자(는) 선수기신(하고) 욕수기신자(는) 선정기심(하고) 욕정기심자(는) 선성기의(하고) 욕성기의자(는) 선치기지(하니) 치지(는) 재격물(하니라).

옛날에 명덕을 천하에 밝히고자 하는 자는 먼저 나라를 다스리고, 나라를 다스리고자 하는 자는 먼저 집안

을 가지런히 하고, 집안을 가지런히 하고자 하는 자는
먼저 몸을 닦고, 몸을 닦고자 하는 자는 먼저 마음을
바르게 하고, 마음을 바르게 하고자 하는 자는 먼저 뜻
을 성실하게 하고, 뜻을 성실하게 하고자 하는 자는 먼
저 바르게 알아야 한다. 바른 앎은 곧 사물의 도리를
터득함이다.

明明德於天下者 使天下之人 皆有以明其明德也
心者 身之所主也 誠實也 意者心之所發也 實
其心之所發 欲其必自慊 而無自欺也
致推極也 知猶識也 推極吾之知識 欲其所知
無不盡也 格至也 物猶事也 窮至事物之理 欲
其極處 無不到也 此八者 大學之條目也.

(5) 物格而后 知至 知至而后 意誠 意誠而
后 心正 心正而后 身修 身修而后 家
齊 家齊而后 國治 國治而后 天下平.

물격이후(에) 지지(하고) 지지이후(에) 의성(하고) 의성이후
(에) 심정(하고) 심정이후(에) 신수(하고) 신수이후(에) 가제
(하고) 가제이후(에) 국치(하고) 국치이후(에) 천하평(하니라).

사물을 구명해야 알 수 있다. 사물의 도리를 알아야

뜻을 성실하게 할 수 있다. 뜻이 성실해야 마음이 바르게 된다. 마음이 바르게 되어야 몸을 수양한다. 몸을 수양해야 집안을 가지런하게 할 수 있다. 집안이 가지런하게 되어야 나라를 잘 다스릴 수 있다. 나라가 잘 다스려진 다음에 천하를 평화롭게 할 수 있다.

物格者 物理之極處 無不到也 知至者 吾心之
所知 無不盡也 知旣盡 則意可得而實矣 意旣
實 則心可得而正矣

修身以上 明明德之事也 齊家以下 新民之事也
物格知至 則知所止矣 意誠以下 則皆得所止之
序也.

(6) 自天子以至於庶人 壹是皆以修身爲本.

자천자이지어서인(이) 일시개이수신위본(이니라).

천자로부터 서민에 이르기까지 다같이 수신을 바탕으로 해야 한다.

壹是一切也

正心以上 皆所以修身也 齊家以下 則擧此 而
措之耳.

(7) 其本 亂而末治者 否矣 其所厚者薄 而 其所薄者厚 未之有也.

기본 난이말치자(는) 부의(며) 기소후자(에) 박(하고) 이기 소박자(에) 후(는) 미지유야(니라).

근본이 흐트러지면 끝이 다스려지지 않는다. 후하게 할 바를 박하게 하고, 박하게 할 바를 후하게 한 예는 전에 없었다.

本謂身也
所厚謂家也
此兩節 結上文兩節之意.

[右經一章 蓋孔子之言 而曾子述之.]
凡二百五字.

[其傳十章 則曾子之意 而門人記之也 舊本頗有 錯簡 今因程子所定 而更考經文 別爲序次如左.]
凡一千五百四十六字

凡傳文雜引經傳 若無統紀 然文理接續 血脉貫 通 深淺始終 至爲精密 熟讀詳味 久當見之 今 不盡釋也.

傳 1 총 4 구

(1) 康誥曰 克明德.

강고(에) 왈 극명덕(이라하며).

서경 강고에 있다. 「문왕이 능히 명덕을 밝히다.」

康誥周書 克能也.

(2) 大甲曰 顧諟天之明命.

태갑(에) 왈 고시천지명명(이라하며).

태갑에 있다. 「탕왕은 하늘이 내린 밝은 명령을 항상 주시하고 지켰다.」

大甲商書 顧謂常目在之也
諟猶此也
或曰審也
天之明命 卽天之所以與我 而我之所以爲德者
也 常目在之 則無時不明矣.

(3) 帝典曰 克明峻德.

제전(에) 왈 극명준덕(이라하니).

요전에 있다. 「요임금은 큰 덕을 밝힐 수 있었다.」

帝典 堯典 虞書 峻大也.

(4) 皆自明也.

개자명야(니라).

모두가 스스로 명덕을 밝혔음을 말한 것이다.

結所引書 皆言 自明己德之意.

[右傳之首章 釋明明德]

此通下三章 至止於信 舊本誤在 沒世不忘之下.

傳 2 │ 총 4 구

(1) 湯之盤銘曰 苟日新 日日新 又日新.

탕지반명 왈 구일신(이어든) 일일신(하고) 우일신(이라하며).

탕왕의 대야 명문에 있다. 「진실로 〈지난날의 낡고 얼룩진 때와 허물을 씻고〉 날로 새롭게 하며, 또 나날이 계속해서 새롭게 하고, 또 거듭 날로 새롭게 한다.」

盤沐浴之盤也

銘名其器 以自警之辭也 苟誠也

湯以人之洗濯其心以去惡 如沐浴其身以去垢 故銘其盤 言誠能一日 有以滌其舊染之汚 而自新則當因其已新者 而日日新之 又日新之 不可略有間斷也.

(2) 康誥曰 作新民.

강고(에) 왈 작신민(이라하며).

서경 강고편에 있다. 「임금은 〈백성을 진작해서 그들이 스스로〉 새롭게 되도록 교화해야 한다.」

鼓之舞之 之謂作 言 振起其自新之民也.

(3) 詩曰 周雖舊邦 其命維新.

시(에) 왈 주수구방(이나) 기명유신(이라).

시경 대아 문왕편에 있다. 『주(周)는 오래된 나라이지
만 하늘이 천명을 새로 내렸다.』

詩 大雅文王之篇 言周國雖舊 至於文王 能新
其德 以及於民 而始受天命也.

(4) 是故 君子 無所不用其極.

시고(로) 군자 무소불용기극(이니라).

그러므로 군자는 지극함을 쓰지 않음이 없다.

自新新民 皆欲止於至善也.

[右傳之二章 釋新民]

傳3 총 5 구

(1) 詩云 邦畿千里 惟民所止.

시운 방기천리(여) 유민소지(라하니라).

시경 상송 현조에 있다.『왕도 주변 사방 천리 지방이
바로 백성들이 머물러 살 곳이다.』

　詩商頌玄鳥之篇 邦畿王者之都也 止居也 言物
各有所當止之處也.

(2) 詩云 緡蠻黃鳥 止于丘隅 子曰 於止 知
其所止 可以人而不如鳥乎.

시운 면만황조(여) 지우구우(라하야늘) 자왈 어지(에) 지기
소지(로소니) 가이인 이불여조호(아).

시경 소아 면만편에 있다.『우짖고 있는 저 꾀꼬리, 숲
이 우거진 높은 언덕 모퉁이에 머물고 있네.』공자가
말했다. 「머무름에 있어 새도 마땅히 머무를 곳을 알
거늘, 사람이 새만 못해서야 되겠느냐.」

　詩 小雅 緡蠻之篇 緡蠻 鳥聲 丘隅 岑蔚之處

子曰以下　孔子說詩之辭　言人當知所當止之
處也.

(3) 詩云　穆穆文王　於緝熙敬止　爲人君　止
於仁　爲人臣　止於敬　爲人子　止於孝
爲人父　止於慈　與國人交　止於信.

시운 목목문왕(이여) 오즙희경지(라하니) 위인군(엔) 지어
인(하시고) 위인신(엔) 지어경(하시고) 위인자(엔) 지어효
(하시고) 위인부(엔) 지어자(하시고) 여국인교(엔) 지어신
(이러시다).

시경 대아 문왕에 있다.『덕이 깊고 큰 문왕이 계속 덕
을 빛나게 밝히시고 공경한 선에 머무르셨다.』「임금
으로서는 인덕에 머무르셨으며, 신하로서는 공경으로
임금을 섬겼으며, 아들로서는 효도로 어버이를 섬겼으
며, 아버지로서는 지극한 자애로써 아들을 키웠으며,
나라 사람들과 사귈 때에는 신의를 높이고 지켰음을
말한 것이다.」

詩　文王之篇　穆穆深遠之意　於歎美辭　緝繼續
也　熙光明也　敬止言其無不敬　而安所止也
引此而言聖人之止　無非至善　五者　乃其目之大

者也　學者於此　究其精微之蘊
而又推類以盡其餘　則於天下之事　皆有以知其
所止　而無疑矣.

---

(4) 詩云　瞻彼淇澳　菉竹猗猗　有斐君子　如
切如磋　如琢如磨　瑟兮僴兮　赫兮喧兮
有斐君子　終不可諠兮　如切如磋者　道
學也　如琢如磨者　自修也　瑟兮僴兮者
恂慄也　赫兮喧兮者　威儀也　有斐君子
終不可諠兮者　道盛德至善　民之不能
忘也.

시운 첨피기욱(하니) 녹죽의의(로다) 유비군자(여) 여절여
차(하며) 여탁여마(라) 슬혜한혜(며) 혁혜훤혜(니) 유비군자
(여) 종불가훤혜(라) 여절여차자(는) 도학야(요) 어탁여마자
(는) 자수야(요) 슬혜한혜자(는) 순율야(요) 혁혜훤혜자(는)
위의야(요) 유비군자(이) 종불가훤혜자(는) 도성덕지선(은)
민지불능망야(라).

시경 위풍 기욱편에 있다. 『저 기수 물굽이 깊은 곳을
바라보니, 푸른 대나무 아름답게 우거졌네. 저렇듯 아
름답고 빛나는 군자가, 절차탁마하며 더욱 학문을 높

이고 자신을 수양하니, 그의 인품이 장엄하고 위엄이 있고, 용모가 의연하고 훤하게 빛나네. 저렇듯 아름답고 빛나는 군자를 영영 잊을 수가 없노라.』

시에서 「여절여차자(如切如磋者)」라고 한 것은 「위나라의 무공이 학문에 힘을 썼음」을 말한 것이다. 시에서 「여탁여마자(如琢如磨者)」라고 한 것은 「그가 스스로 덕을 닦았음」을 말한 것이다. 시에서 「슬혜한혜(瑟兮僩兮)」라고 한 것은 「그의 인품이 고결하고 위엄이 있다」는 뜻이다.

시에서 「혁혜훤혜(赫兮喧兮)」라고 한 것은 「그의 덕성이나 의용이 높고 의젓하다」는 뜻이다. 시에서 「유비군자 종불가훤혜(有斐君子 終不可諠兮)」라고 한 것은 「성덕(盛德)을 갖추고 지선(至善)의 경지에 있는 군자를 백성들이 언제까지나 잊지 못한다」는 뜻이다.

詩 衛風淇澳之篇 淇水名 澳隈也 猗猗美盛貌
興也 斐文貌 切以刀鋸 琢以椎鑿 皆裁物使成
形質也 磋以鑢錫磨以沙石 皆治物使其滑澤也
治骨角者 旣切而復磋之 治玉石者 旣琢而復磨
之 皆言 其治之有緒 而益致其精也

瑟嚴密之貌 僩武毅之貌

赫喧 宣著盛大之貌 諠忘也 道言也 學謂講習
討論之事 自修者省察克治之功

恂慄 戰懼也 威可畏也 儀可象也

引詩而釋之 以明明明德者之 止於至善 道學自
修 言其所以得之之由 恂慄威儀 言其德容表裏
之盛 卒乃指其實而歎美之也.

(5) 詩云 於戲 前王不忘 君子 賢其賢而親
其親 小人 樂其樂而利其利 此以沒世
不忘也.

시운 오희(라) 전왕불망(이라하니) 군자(는) 현기현 이친기
친(하고) 소인(은) 낙기락 이리기리(하나니) 차이몰세불망
야(니라).

시경 주송 열문편에 있다. 『아아! 선왕들을 잊지 못하
네!』「〈다음 같은 뜻이다〉 후세의 현명한 임금이 군자
를 잊지 않고 그들의 현(賢)을 슬기롭게 여기고 친애
한 바를 친애했다. 한편 백성들도 〈선왕이 안락하게
다스린 바탕 위에서〉 안락하게 살았고, 또 〈이롭게 해
준 바탕 위에서〉 잘살았다. 〈후세의 임금이나 백성들
은〉 선왕이 돌아간 후에도 그 은덕이나 공적을 잊지
않고 높인 것이다.」

詩 周頌烈文篇 於戲歎辭 前王謂文武也 君子

謂其後賢後王 小人謂後民也 此言 前王所以新
民者 止於至善 能使天下後世 無一物不得其所
所以旣沒世 而人思慕之愈久而不忘也
此兩節 咏歎淫泆 其味深長 當熟玩之.

[右傳之三章 釋止於至善]

此章內 自引淇澳詩 以下舊本 誤在誠意章下.

傳 4 ｜ 총 1 구

> **(1) 子曰 聽訟 吾猶人也 必也使無訟乎 無情者 不得盡其辭 大畏民志 此謂知本.**

자왈 청송(은) 오유인야(이나) 필야사무송호(인져하시니)
무정자(로) 부득진기사(는) 대외민지(니) 차위지본(이니라).

공자가 말했다. 「백성들의 송사를 듣고 처리하는 일은 나도 남과 같이 할 수 있다. 그러나 나는 반드시 그들로 하여금 송사를 일으키지 않게 하겠다.」〈증자의 말〉「진실하지 않은 자는 자기의 거짓된 말을 끝까지 주장하고 세우지 못한다. 크게 백성들의 마음을 두렵게 하기 때문이다. 이와 같이 하는 것이 곧 지본(知本)이다.」

猶人不異於人也 情實也 引夫子之言 而言聖人能使無實之人 不敢盡其虛誕之辭 蓋我之明德旣明 自然有以畏服民之心志 故訟不待聽 而自無也 觀於此言 可以知本末之先後矣.

[右傳之四章 釋本末]
此章舊本 誤在止於信下.

[此謂知本]

[程子曰　衍文也]

[此謂知之至也]

此句之上　別有闕文　此特其結語耳.

[右傳之五章　蓋釋格物致知之義而今亡矣.]

此章舊本　通下章　誤在經文之下.

[間嘗竊取　程子之意　以補之曰　所謂致知在格物
者　言欲致吾之知　在卽物而窮其理也　蓋人心之靈
莫不有知　而天下之物　莫不有理　惟於理有未窮　故
其知有不盡也　是以　大學始敎　必使學者　卽凡天下
之物　莫不因其已知之理　而益窮之　以求至乎其極
至於用力之久　而一旦　豁然貫通焉　則衆物之　表裏
精粗　無不到　而吾心之全體大用　無不明矣　此謂物
格　此謂知之至也.]

傳 6 │ 총 4 구

> (1)　所謂　誠其意者　毋自欺也　如惡惡臭
> 如好好色　此之謂自謙　故君子　必愼其
> 獨也.

소위 성기의자(는) 무자기야(니) 여오악취(하며) 여호호색
(이니). 차지위자겸(이라) 고(로) 군자(는) 필신기독야(하
니라).

이른바 「마음속의 뜻을 성실하게 함」은 「자신을 속이
지 않음」이다. 「악취를 싫어하듯이 〈악을 미워하고〉
미색을 좋아하듯이 〈선을 좋아하니〉 이를 자겸(自謙)이
라 한다. 고로 군자는 반드시 자기 혼자 있을 때에 신
중하게 해야 한다.」

　誠其意者　自修之首也
　毋者　禁止之辭　自欺云者　知爲善以去惡　而心
之所發　有未實也
　謙快也　足也
　獨者人所不知　而己所獨知之地也
　言欲自修者　知爲善以去其惡　則當實用其力　而
禁止其自欺　使其惡惡　則如惡惡臭　好善則如好

好色 皆務決去 而求必得之 以自快足於己不可
徒苟且 以徇外而爲人也 然其實與不實 蓋有他
人所不及知 而己獨知之者 故必謹之於此 以審
其幾焉.

(2) 小人 閒居 爲不善 無所不至 見君子而
后 厭然揜其不善 而著其善 人之視己
如見其肺肝然 則何益矣 此謂誠於中
形於外 故君子 必愼其獨也.

소인(이) 한거(에) 위불선(하야) 무소부지(하다가) 견군자이
후(에) 안연엄기불선(하고) 이저기선(하나) 인지시기(이) 여
견기폐간연(이니) 즉하익의(리오) 차위성어중(이면) 형어외
(니) 고(로) 군자(는) 필신기독야(니라).

소인은 혼자 있을 때에는 〈남의 눈을 속이고〉 착하지
않은 짓을 하며 이르지 않는 곳이 없다. 〈허나〉 군자를
보면 자기의 잘못을 덮어 가리고 착한 것만을 내보이려
고 한다. 그러나 남들은 나의 소행을 흡사 속에 있는 폐
나 간을 보듯이 훤히 꿰뚫어 본다. 그러니 〈감추고 숨
긴들〉 무슨 소용이 있겠는가. 이를 일컬어 「속뜻이 성
실하면 밖으로 나타난다」고 한다. 고로 군자는 반드시
혼자 있을 때의 〈마음이나 몸가짐을〉 신중히 해야 한다.

閒居獨處也
厭然消沮閉藏之貌
此言　小人陰爲不善　而陽欲揜之　則是非不知
善之當爲　與惡之當去也
但不能實用其力　以至此耳　然欲揜其惡　而卒不
可揜　欲詐爲善　而卒不可詐　則亦何益之有哉
此君子　所以重　以爲戒　而必謹其獨也.

---

(3) 曾子曰　十目所視　十手所指　其嚴乎.

증자왈　십목소시(며)　십수소지(니)　기엄호(인져).

증자가 말했다.「열 사람의 눈이 보는 바이며, 열 사람
의 손이 지적하는 바이니 참으로 엄하게 두려워해야
한다.」

引此　以明上文之意　言雖幽獨之中　而其善惡之
不可揜如此　可畏之甚也.

**(4) 富潤屋　德潤身　心廣體胖　故君子　必誠
其意.**

부윤옥(이요) 덕윤신(이라) 심광체반(하나니) 고(로) 군자
(는) 필성기의(니라).

부는 집을 윤택하게 하고, 덕은 몸을 윤택하게 한다.
마음이 넓으면 몸도 넓고 편하게 된다. 고로 군자는 반
드시 마음속의 뜻을 성실하게 해야 한다.

胖安舒也　言富則能潤屋矣　德則能潤身矣
故心無愧怍　則廣大寬平　而體常舒泰　德之潤身
者然也　蓋善之實於中　而形於外者　如此　故又
言此以結之.

[右傳之六章　釋誠意]

經曰　欲誠其意　先致其知　又曰　知至而后意誠
蓋心體之明有所未盡　則其所發　必有不能實用
其力　而苟焉　以自欺者　然或已明而不謹乎此
則其所明又非已有　而無以爲進德之基　故此章
之指　必承上章而通考之　然後　有以見其用力之
始終　其序不可亂　而功不可闕如此云.

傳7 총 3 구

> **(1) 所謂修身 在正其心者 身有所忿懥 則不得其正 有所恐懼 則不得其正 有所好樂 則不得其正 有所憂患 則不得其正.**

소위수신(이) 재정기심자(는) 신유소분치 즉부득기정(하고) 유소공구 즉부득기정(하고) 유소호요 즉부득기정(하고) 유소우환 즉부득기정(이니라).

이른바 수신의 요는 마음을 바르게 함이다. 마음에 성내고 화내는 바가 있으면 바르게 지닐 수 없다. 마음에 두렵고 겁내는 바가 있으면 마음을 바르게 지닐 수 없다. 마음에 좋아하고 사랑하는 바가 있으면 마음을 바르게 지닐 수 없다. 마음에 근심하고 걱정하는 바가 있으면 마음을 바르게 지닐 수 없다.

程子曰 身有之身 當作心 □忿懥怒也 蓋是四者 皆心之用 而人所不能無者 然一有之 而不能察 則欲動情勝 而其用之所行 或不能不失其正矣.

(2) 心不在焉　視而不見　聽而不聞　食而不知其味.

심부재언(이면) 시이불견(하며) 청이불문(하며) 식이부지기미(니라).

마음이 없으면 보아도 보이지 않고, 들어도 들리지 않고, 먹어도 그 맛을 모른다.

心有不存　則無以檢其身　是以君子必察乎此　而敬以直之　然後此心常存　而身無不修也.

(3) 此謂修身　在正其心.

차위수신(이) 재정기심(이니라).

이를 두고 수신의 바탕이 마음을 바르게 함에 있다고 말하는 것이다.

[右傳之七章　釋正心修身]

此亦承上章　以起下章　蓋意誠　則眞無惡　而實有善矣　所以能存是心　以檢其身　然或但知誠意而不能密察　此心之存否　則又無以直內而修身也　自此以下　竝以舊文爲正.

傳 8 ┃ 총 3 구

> (1) 所謂齊其家 在修其身者 人之其所親愛
> 而辟焉 之其所賤惡而辟焉 之其所畏敬
> 而辟焉 之其所哀矜而辟焉 之其所敖惰
> 而辟焉　故好而知其惡　惡而知其美者
> 天下鮮矣.

소위제기가(이) 재수기신자(는) 인(이) 지기소친애이벽언
(하며) 지기소천오이벽언(하며) 지기소외경이벽언(하며) 지
기소애긍이벽언(하며) 지기소오타이벽언(하나니) 고(로) 호
이지기악(하며) 오이지기미자(이) 천하(에) 선의(니라).

이른바 자기 집안을 가지런히 다스리는 바탕은 자신의
몸을 닦음에 있다. 보통사람은 자기가 친애하는 사람
에 대해서 치우친다. 자기가 천시하고 미워하는 사람
에 대해서 치우친다. 자기가 경외하고 존경하는 사람
에 대해서 치우친다. 자기가 애련하고 궁휼히 여기는
사람에 대해서 치우친다. 자기가 거만을 떨고 무시하
는 사람에 대해서 치우친다. 그러므로 좋아하면서도
그의 나쁜 점을 알거나, 미워하면서도 그의 좋은 점을
알아주는 그런 사람은 천하에 많지 않다.

人謂衆人之猶於也　辟猶偏也

五者在人 本有當然之則 然常人之情 惟其所向
而不加察焉
則必陷於一偏 而身不修矣.

(2) 故諺有之曰 人莫知其子之惡 莫知其苗之碩.

고(로) 언(에) 유지(하니) 왈 인(이) 막지기자지악(하며) 막
지기묘지석(이라하니라).

고로 속담에서 말했다. 「보통사람은 자기 자식의 악함
을 모르고, 자기의 곡식이 큼을 모른다.」

諺俗語也 溺愛者不明 貪得者無厭 是則偏之爲
害 而家之所以不齊也.

(3) 此謂身不修 不可以齊其家.

차위신불수(면) 불가이제기가(니라).

이를 일러 「몸을 닦지 않고서는 그 집안을 가지런히
다스릴 수 없다」고 말하는 것이다.

[右傳之八章 釋修身齊家]

傳 9 ┃ 총 9 구

> **(1) 所謂治國 必先齊其家者 其家 不可敎
> 而能敎人者 無之 故君子 不出家而成
> 敎於國 孝者 所以事君也 弟者 所以事
> 長也 慈者 所以使衆也.**

소위 치국(이) 필선제기가자(는) 기가(를) 불가교(이오) 이
능교인자(이) 무지(하니) 고(로) 군자(는) 불출가 이성교어
국(하나니) 효자(는) 소이사군야(요) 제자(는) 소이사장야
(요) 자자(는) 소이사중야(이니라).

「치국(治國)은 반드시 먼저 제가(齊家)를 해야 한다고
말한다.」〈그 까닭은 다음과 같다.〉「자기 집안을 교화
하지 못하고 능히 다른 사람을 교화할 수 없다. 고로 군
자는 집을 나가지 않고도 나라의 모든 사람을 교화할
수 있다. 또 효(孝)는 곧 사군(事君)의 바탕이다. 제
(弟)는 곧 사장(事長)의 바탕이다. 자애(慈愛)는 모든
사람을 〈인애(仁愛)로써〉 부리고 쓰는 바탕이다.」

身修 則家可敎矣 孝弟慈所以修身 而敎於家者
也 然而國之所以事君事長使衆之道 不外乎此
此所以家齊於上 而敎成於下也.

(2) 康誥曰 如保赤子 心誠求之 雖不中 不遠矣 未有學養子而后 嫁者也.

강고(에) 왈 여보적자(라하니) 심성구지(면) 수부중(이나) 불원의(니라) 미유학양자 이후(에) 가자야(니라).

서경 강고편에 있다. 『갓난아이를 보육하듯이 하라.』 마음을 성실하게 하고 구하면 비록 맞지 않아도 멀지 않게 된다. 자식 양육하는 법을 배운 다음에 시집가는 사람은 없다.

此引書而釋之 又明立敎之本 不假强爲 在識其端 而推廣之耳.

(3) 一家仁 一國興仁 一家讓 一國興讓 一人貪戾 一國作亂 其機如此 此謂 一言僨事 一人定國.

일가(이) 인(이면) 일국(이) 흥인(하고) 일가(이) 양(이면) 일국(이) 흥양(하고) 일인(이) 탐려(하면) 일국(이) 작란(하나니) 기기여차(하니) 차위일언(이) 분사(하면) 일인(이) 정국(이니라).

한 집안에서 인(仁)의 기풍이 넘치면 〈백성들이 감화

되어〉 나라 전체에 인의 기풍이 흥성하게 된다. 한 집 안에서 겸양의 예(禮)가 잘 행해지면 나라 전체에 겸양의 예가 진작된다. 임금 한 사람이 탐욕하게 이(利)를 취하면 나라 모든 사람들도 〈탐욕하게 이를 취하고 마침내는〉 난(亂)을 일으키게 된다. 그 기틀이 이와 같이 기미(機微)하게 얽어져 있다. 그래서 「임금의 그릇된 말 한마디가 국사(國事)를 망치기도 하고, 임금 한 사람의 인덕(仁德)이 나라를 안정되게 한다」고 말한 것이다.

一人謂君也 機發動所由也 僨覆敗也 此言教成於國之效.

(4) 堯舜 帥天下以仁 而民從之 桀紂 帥天下以暴 而民從之 其所令 反其所好 而民不從 是故 君子有諸己而後 求諸人 無諸己而後 非諸人 所藏乎身不恕 而能喻諸人者 未之有也.

요순(이) 솔천하이인(하신대) 이민(이) 종지(하고) 걸주(이) 솔천하이포(한대) 이민종지(하니) 기소령(이) 반기소호(면) 이민(이) 부종(하나니) 시고(로) 군자(는) 유제기 이후(에) 구제인(하며) 무제기 이후(에) 비제인(하나니) 소장호신(이)

불서(요) 이능유제인자(이) 미지유야(이니라).

요(堯)와 순(舜) 두 성제(聖帝)가 천하를 인덕(仁德)으로 통솔하고 다스리자, 천하 만민들이 잘 따르고 〈감화되어 인덕을 높이고 실천했다.〉 하(夏)의 걸왕(桀王)과 은(殷)의 주왕(紂王)은 천하를 포학무도(暴虐無道)하게 통솔했으며, 이에 백성들도 〈걸왕과 주왕을〉 따라 〈포학무도하게 되었다.〉

〈포학무도한 임금이〉 내리는 명령이 자기들이 좋아하는 바와 반대가 되고, 〈즉 자기들은 포학무도한 짓을 좋아하고 행하면서 백성에게는〉 반대로 〈착하게 하라고〉 명령을 내렸다. 그러므로 백성들은 〈착하게 하라는〉 명령을 안 따르고 〈포학무도한 짓을 했다.〉 그런 고로 군자는 먼저 자기가 〈선한 덕을〉 갖춘 다음에 남에게 〈선한 덕〉 갖기를 구한다. 〈한편〉 자기에게 〈허물이〉 없게 한 다음에 남에게 〈허물 있음을〉 비난한다. 내가 속으로는 「남을 용서하지 않으려 하면서」 남을 능히 교화하고 깨우치게 할 사람은 절대로 없다.

此又承上文 一人定國而言

有善於己 然後可以責人之善 無惡於己 然後可以正人之惡 皆推己以及人 所謂恕也

不如是 則所令 反其所好 而民不從矣 喩曉也.

(5) 故治國 在齊其家.

고(로) 치국(이) 재제기가(니라).

고로 나라 다스림은 집안을 가지런히 함에 있다.

通結上文.

(6) 詩云 桃之夭夭 其葉蓁蓁 之子于歸 宜其家人 宜其家人而后 可以敎國人.

시운 도지요요(여) 기엽진진(이로다) 지자우귀(여) 의기가인(이라하니) 의기가인 이후(에) 가이교국인(이니라).

시경 주남 도요편(桃夭篇)에 있다. 『복숭아나무가 싱싱하게 자라고 잎이 푸르고 무성하다. 아이가 시집을 가니 그 집 사람들에게 잘하리라.』 그 집 사람이 화목하고 제가가 이루어진 후에 나라 사람을 교화할 수 있다.

詩 周南桃夭之篇 夭夭少好貌 蓁蓁美盛貌 興也 之子猶言是子 此指女子之嫁者 而言也 婦人謂嫁曰歸 宜猶善也.

(7) 詩云 宜兄宜弟 宜兄宜弟而后 可以敎 國人.

시운 의형의제(하나니) 의형의제 이후(에) 가이교국인(이니라).

시경 소아 육소편에 있다. 『형에게도 잘하고 동생에게도 잘한다.』〈이와 같이〉 형제가 우애하고 화목한 다음에 비로소 나라 사람들을 가르칠 수 있다.

詩小雅 蓼蕭篇.

(8) 詩云 其儀不忒 正是四國 其爲父子兄弟 足法 而后 民法之也.

시운 기의불특(이라) 정시사국(이라하니) 기위부자형제(이) 족법 이후(에) 민(이) 법지야(니라).

시경 조풍 시구편에 있다. 『위의(威儀)가 어긋나지 않으니 사방의 나라를 바르게 한다.』 그 집안은 부(父) 자(子) 형(兄) 제(弟)가 저마다 도리를 지키고 화목하니 족히 법도로 삼을 만했다. 그러므로 모든 백성들이 〈그와 그의 집안을〉 법도로 삼고 교화되었던 것이다.

詩 曹風鳲鳩篇 忒差也.

(9) 此謂治國 在齊其家.

차위치국(이) 재제기가(니라).

이상을 일컬어 치국(治國)이 「그 집안을 가지런히 함
(齊其家)」에 있다고 말하는 것이다.

此三引詩 皆以詠歎上文之事 而又結之如此 其
味深長 最宜潛玩.

[右傳之九章 釋齊家治國.]

傳 10 ┃ 총 23 구

> **(1) 所謂 平天下 在治其國者 上老老而民 興孝 上長長而民 興弟 上恤孤而民 不 倍 是以 君子有絜矩之道也.**

소위평천하(이) 재치기국자(는) 상로로(하여) 이민흥효(하며) 상장장(하여) 이민흥제(하며) 상휼고(하여) 이민불배(하나니) 시이(로) 군자(는) 유혈구지도야(니라).

이른바 「평천하(平天下)의 바탕이 치기국(治其國)에 있다」고 함은 〈다음 같은 뜻을 말한 것이다.〉 윗사람이 자기 일가의 노인들을 노인에 대한 예절로 섬기므로 백성들이 감화되어 효도를 진작하게 되고, 윗사람이 자기 일가의 연장자들을 연장자에 대한 예절로 공경하므로 백성들이 감화되어 제(弟＝悌)를 진작하게 되고, 윗사람이 〈나라의 모든〉 고아를 구휼하므로 백성들이 감화되어 등을 돌리지 않게 된다. 그러므로 임금이나 군자는 「혈구지도(絜矩之道)」를 따르고 실천해야 한다.

老老所謂老吾老也　興謂有所感發而興起也　孤者幼而無父之稱　絜度也　矩所以爲方也

言此三者　上行下效　捷於影響　所謂家齊而國
治也
亦可以見人心之所同　而不可　使有一夫之不獲矣
是以君子　必當因其所同　推以度物　使彼我之間
各得分願　則上下四旁　均齊方正　而天下平矣.

---

(2) 所惡於上　毋以使下　所惡於下　毋以事
上　所惡於前　毋以先後　所惡於後　毋以
從前　所惡於右　毋以交於左　所惡於左
毋以交於右　此之謂絜矩之道.

소오어상(으로) 무이사하(하며) 소오어하(로) 무이사상(하
며) 소오어전(으로) 무이선후(하며) 소오어후(로) 무이종전
(하며) 소오어우(로) 무이교어좌(하며) 소오어좌(로) 무이교
어우(이) 차시위헐구지도(이니라).

윗사람이 싫어하는 바 무례한 도를 가지고, 아랫사람
에게 대하면 안 된다. 아랫사람이 싫어하는 바 무례한
도를 가지고, 윗사람을 섬기면 안 된다. 앞사람이 싫어
하는 바 무례한 도를 가지고, 뒷사람에게 대하면 안
된다. 뒷사람이 싫어하는 바 무례한 도를 가지고, 앞사
람에게 대하면 안 된다. 왼쪽 사람이 싫어하는 바 무례

한 도를 가지고, 오른쪽 사람에게 대하면 안 된다. 오른쪽 사람이 싫어하는 바 무례한 도를 가지고, 왼쪽 사람에게 대하면 안 된다. 이와 같이 〈절대선의 기준을 가지고〉 상하(上下) 사방(四方)을 공평하고 방정하게 대하고 틀 잡는 것을 「혈구지도」라고 한다.

此覆解上文　絜矩二字之義　如不欲上之無禮於我　則必以此度下之心　而亦不敢以此無禮使之不欲下之不忠於我　則必以此度上之心　而亦不敢以此　不忠事之　至於前後左右　無不皆然　則身之所處　上下四旁　長短廣狹　彼此如一　而無不方矣　彼同有是心　而興起焉者　又豈有一夫之不獲哉

所操者約　而所及者廣

此平天下之要道也　故章內之意　皆自此而推之.

> **(3) 詩云 樂只君子 民之父母 民之所好 好之 民之所惡 惡之 此之謂 民之父母.**

시운 낙지군자(여) 민지부모(라하니) 민지소호(를) 호지(하고) 민지소오(를) 오지(하니) 차지위 민지부모(니라).

시경 소아 남산유대편(南山有臺篇)에 있다. 『즐거워

라, 군자다운 임금이시여. 백성의 부모로다.』「백성들
이 좋아하는 바를 임금이 좋아하고, 백성들이 싫어하
는 바를 임금도 싫어하시니, 이를 일컬어 백성의 부모
라 하노라.」

詩 小雅南山有臺之篇 只語助辭 言能絜矩而以
民心爲己心 則是愛民如子 而民愛之如父母矣.

> **(4) 詩云 節彼南山 維石巖巖 赫赫師尹 民
> 具爾瞻 有國者 不可以不愼 辟則爲天
> 下僇矣.**

시운 절피남산(이여) 유석암암(이로다) 혁혁사윤(이여) 민
구이첨(이라하니) 유국자(이) 불가이불신(이니) 벽즉위천하
륙의(니라).

시경 소아 절남산편(節南山篇)에 있다.『우뚝 높이 솟
은 남산이여, 암석이 높이 쌓여 장엄하다. 높이 빛나는
태사(太師) 윤씨(尹氏)여, 백성들이 모두 그대를 우
러러 보노라.』「〈그러므로〉 나라를 다스리는 임금이나
군자는 삼가지 않으면 안 된다. 치우치고 사벽(邪辟)
하면 천하 만민에게 살륙(殺戮)을 당한다.」

詩 小雅節南山之篇 節截然高大貌 師尹周太師

尹氏也 具俱也 辟偏也 言在上者 人所瞻仰 不
可不謹 若不能絜矩 而好惡徇於一己之偏 則身
弒國亡 爲天下之大戮矣.

> **(5) 詩云 殷之未喪師 克配上帝 儀監于殷**
> **峻命不易 道得衆則得國 失衆則失國.**

시운 은지미상사(엔) 극배상제(이러니) 의감우은(이어다) 준
명불이(라하니) 도득중 즉득국(하고) 실중 즉실국(이니라).

시경 대아 문왕편(文王篇)에 있다. 『은(殷)나라가 백
성의 마음을 잃지 않았을 때는 능히 상제와 잘 어울렸
다. 마땅히 은나라를 거울로 삼고 살펴야 한다. 하늘이
내리는 큰 명은 〈받고 달성하기가〉 쉽지 않다.』 이는
곧 「백성의 마음을 얻으면 나라도 얻고, 백성의 마음
을 잃으면 나라도 잃는다」는 뜻을 말한 것이다.

詩文王篇 師衆也 配對也 配上帝 言其爲天下
君 而對乎上帝也 監視也 峻大也 不易言難保
也 道言也 引詩而言此以結上文兩節之意 有天
下者能存此心 而不失 則所以絜矩而與民同欲
者 自不能已矣.

(6) 是故 君子先愼乎德 有德此有人 有人此有土 有土此有財 有財此有用.

시고(로) 군자(는) 선신호덕(이니) 유덕(이면) 차유인(이요) 유인(이면) 차유토(요) 유토(면) 차유재(요) 유재(면) 차유용 (이니라).

「고로 군자는 먼저 덕에 근신해야 한다. 덕이 있어야 백성들이 있고, 백성들이 있어야 국토가 있고, 국토가 있어야 재물이 있고, 재물이 있어야 재물을 써서 〈다 스린다.〉」

先謹乎德 承上文不可不謹而言 德卽所謂明德 有人謂得衆 有土謂得國 有國則不患無財用矣.

(7) 德者本也 財者末也.

덕자(는) 본야(요) 재자(는) 말야(이니라).

「위정자의 덕(德)이 근본 뿌리가 되고, 재물이나 재용 은 가지에 해당한다.」

本上文而言.

(8) 外本內末 爭民施奪.

외본내말(이면) 쟁민시탈(이니라).

「임금이 근본이 되는 덕을 소외하고 끝가지에 해당하는 재물을 높이면 〈임금이〉 백성과 다투게 되고, 그 결과 백성들도 서로 쟁탈하게 된다.」

人君以德爲外 以財爲內 則是爭鬪其民 而施之以劫奪之敎也 蓋財者人之所同欲 不能絜矩而欲專之 則民亦起 而爭奪矣.

(9) 是故 財聚則民散 財散則民聚.

시고(로) 재취 즉민산(하고) 재산 즉민취(니라).

「그러므로 재물을 긁어모으면 백성들이 흩어지고, 재물을 고르게 나누어 쓰면 백성들이 모여든다.」

外本內末 故財聚 爭民施奪 故民散 反是 則有德 而有人矣.

(10) 是故 言悖而出者 亦悖而入 貨悖而入 者 亦悖而出.

시고(로) 언패이출자(는) 역패이입(하고) 화패이입자(는) 역패이출(이니라).

「그런 고로 말이 〈도에〉 어긋나게 〈입에서〉 나가면 역시 어긋나게 〈귀에〉 들어온다. 재화를 도리에 어긋나게 거두어들이면 역시 어긋나게 나가게 마련이다.」

悖逆也 此以言之出入 明貨之出入也 自先謹乎 德以下至此 又因財貨 以明 能絜矩與不能者之 得失也.

(11) 康誥曰 惟命不于常 道善則得之 不善 則失之矣.

강고(에) 왈 유명(은) 불우상(이라하니) 도선즉득지(하고) 불선즉실지의(니라).

서경 강고편에 있다. 『오직 천명(天命)은 항상 있는 것이 아니다.』 이는 「착하게 하면 〈천명을〉 얻지만, 착하지 않으면 〈천명을〉 잃는다는 뜻을 말한 것이다.」

道言也 因上文引文王詩之意 而申言之 其丁寧
反覆之 意益深切矣.

(12) 楚書日 楚國無以爲寶 惟善以爲寶.

초서 왈 초국(은) 무이위보(요) 유선(을) 이위보(하니라).

초서에 있다. 「초나라에서는 보배로 여기는 것이 없다.
다만 선인(善人)을 보배로 여긴다.」

楚書楚語 言不寶金玉 而寶善人也.

(13) 舅犯日 亡人無以爲寶 仁親以爲寶.

구범 왈 망인(은) 무이위보(요) 인친(을) 이위보(라하니라).

외삼촌 자범(子犯)이 말했다. 「망명중에 있는 사람은
아무것도 보배로 여기지 않는다. 오직 아버지를 친애
하는 효성을 보배로 여긴다.」

舅犯 晋文公舅 狐偃 字子犯 亡人 文公時爲公
子 出亡在外也 仁愛也 事見檀弓

此兩節 又明不外本而內末之意.

> (14) 秦誓曰 若有一个臣 斷斷兮 無他技 其心 休休焉 其如有容焉 人之有技 若己有之 人之彦聖 其心好之 不啻若自其口出 寔能容之 以能保我子孫黎民 尙亦有利哉 人之有技 媢疾以惡之 人之彦聖 而違之 俾不通 寔不能容 以不能保我子孫黎民 亦曰殆哉.

진서(에) 왈 약유일개신(이) 단단혜(오) 무타기(나) 기심(이) 휴휴언(하고) 기여유용언(이라) 인지유기(를) 약기유지(하고) 인지언성(을) 기심호지(하며) 불시약자기구출(하고) 식능용지(하니) 이능보아자손려민(이오) 상역유리재(인저) 인지유기(를) 모질이오지(하고) 인지언성(을) 이위지(하야) 비불통(이면) 식불능용(이라) 이불능보아자손려민(이니) 역왈태재(인져).

서경 주서 진서(秦誓)에 있다. 「만약 한 신하가 있으며, 그 인품이 성실하고 한결같다. 재주는 없어도 그의 마음이 솔직하고 착하고 〈모든 것을〉 받아들이고 잘 포용한다. 다른 사람이 재주있는 것을 흡사 자신이 가진 것처럼 여기고, 다른 사람이 슬기로운 선비답게 신통한

것을 진심으로 좋아하고, 또 자기 입으로 칭찬할 뿐만
아니라, 진실로 포용한다. 〈이를 등용해 써야〉 능히 자
손과 백성들을 보전할 수 있고, 또 이롭기를 바랄 수
있다. 〈반대로〉 다른 사람이 재주가 있으면 강샘하고
미워하고, 또 다른 사람의 인품이 선비답고 신통하면
〈고의로〉 그를 반대하거나 거역하고, 그로 하여금 달통
하지 못하게 방해하고 〈그를〉 받아들이지 못하는 〈자
도 있다. 이런 자를 쓰면〉 우리 자손과 백성들을 보전
하지 못하고 나라도 위태롭게 된다.」

秦誓周書 斷斷誠一之貌 彦美士也 聖通明也
尙庶幾也 娟忌也 違拂戾也 殆危也.

(15) 唯仁人 放流之 迸諸四夷 不與同中國 此謂唯仁人 爲能愛人 能惡人.

유인인(이) 방류지(하고) 병제사이(하야) 불여동중국(하니)
차위 유인인(이) 위능애인(하고) 능오인(하니라).

오직 인인(仁人)이 그들을 추방 유배하고, 사방의 오
랑캐 땅으로 내몰아 쫓고, 더불어 중국에서 함께 살지
못하게 한다. 이를 두고 공자가 「오직 인인(仁人)만이
진실로 사람을 사랑할 수도 있고, 〈혹은〉 미워할 수도
있다.」고 말한 것이다.

逬猶逐也 言有此媢疾之人 妨賢而病國 則仁人
必深惡 而痛絶之 以其至公無私 故能得好惡之
正 如此也.

**(16) 見賢而不能擧 擧而不能先 命也 見不
善而不能退 退而不能遠 過也.**

견현이불능거(하며) 거이불능선(이) 명야(요) 견불선이불능
퇴(하며) 퇴이불능원(이) 과야(니라).

현명한 사람을 보고 등용(登用)하지 못하거나, 등용하
되 우선적으로 등용하지 못하는 것은 태만(怠慢)이다.
나쁜 사람을 보고도 물리치지 못하거나, 물리치되 멀
리 추방해서 단절하지 못하면 잘못하는 것이다.

命 鄭氏云 當作慢 程子云 當作怠 未詳孰是 若
此者 知所愛惡矣 而未能盡愛惡之道 蓋君子而
未仁者也.

**(17) 好人之所惡 惡人之所好 是謂拂人之
性 菑必逮夫身.**

호인지소오(하며) 오인지소호(이) 시위불인지성(이라) 재필

체부신(이니라).

사람들이 미워하는 바를 좋아하고, 사람들이 좋아하는 바를 미워하는 것을 본성에 거스른다고 말한다. 재앙이 반드시 그 몸에 미칠 것이다.

> 拂逆也　好善而惡惡　人之性也　至於拂人之性
> 則不仁之甚者也　自秦誓至此　又皆以申言好惡
> 公私之極　以明上文所引南山有臺　節南山之意.

(18) 是故　君子有大道　必忠信　以得之　驕泰　以失之.

시고(로) 군자(이) 유대도(하니) 필충신이득지(하고) 교태이실지(니라).

그러므로 군자가 〈따르고 행할〉 큰 도리가 있다. 반드시 충(忠)과 신(信)을 지키면 〈나라와 백성을〉 얻지만, 교(驕)와 태(泰)하면 잃는다.

> 君子以位言之　道謂居其位　而修己治人之術　發
> 己自盡爲忠　循物無違謂信　驕者矜高　泰者侈肆
> 此因上所引文王康誥之意而言　章內三言得失
> 而語盆加切　蓋至此而天理存亡之幾決矣.

(19) 生財有大道 生之者衆 食之者寡 爲之者疾 用之者舒 則財恒足矣.

생재(에) 유대도(하니) 생지자중(하고) 식지자과(하며) 위지자질(하고) 용지자서(하면) 즉재항족의(리라).

재물 생산에는 대도가 있다. 생산하는 사람이 많고, 먹고 〈쓰는〉 사람이 적으며, 생산하는 사람이 빠르게 하고, 쓰는 사람이 느리게 하면, 즉 재물이 항상 풍족할 것이다.

　　呂氏曰 國無游民 則生者衆矣 朝無幸位 則食者寡矣 不奪農時 則爲之疾矣 量入爲出 則用之舒矣 愚按 此因有土有財而言 以明足國之道在乎務本而節用
非必外本內末 而後財可聚也 自此以至終篇皆一意也.

(20) 仁者 以財發身 不仁者 以身發財.

인자(는) 이재발신(하고) 불인자(는) 이신발재(니라).

어진 사람은 재물로써 자신을 높이 돋아올린다. 어질지 않은 사람은 자기 몸을 위해 재물을 밝히고 낭비한다.

發猶起也 仁者散財以得民 不仁者亡身以殖貨.

(21) 未有上好仁 而下不好義者也 未有好
義 其事不終者也 未有府庫財 非其
財者也.

미유상호인 이하불호의자야(니) 미유호의(요) 기사부종자
야(며) 미유부고재(이) 비기재자야(니라).

위가 인(仁)을 좋아하면 아래가 의(義)를 좋아하지
않는 법이 없다. 의(義)를 좋아하면서 일을 잘 끝맺지
않는 법이 없다. 국고(國庫)의 재물이 임금의 재물 아
닌 게 없다.

上好仁 以愛其下 則下好義 以忠其上 所以事
必有終 而府庫之財 無悖出之患也.

(22) 孟獻子曰 畜馬乘 不察於鷄豚 伐氷之
家 不畜牛羊 百乘之家 不畜聚斂之臣
與其有聚斂之臣 寧有盜臣 此謂國 不
以利爲利 以義爲利也.

맹헌자왈 축마승(은) 불찰어계돈(하고) 벌빙지가(는) 불축
우양(하고) 백승지가(는) 불축취렴지신(하나니) 여기유취렴
지신(으론) 영유도신(이라하니) 차위 국(은) 불이리위리(요)
이의위리야(니라).

노나라의 대부 맹헌자(孟獻子)가 말했다. 「마승(馬
乘)을 기르는 대부가 되면 닭이나 돼지를 살펴보지 않
는다. 겨울에 얼음을 떠서 상례나 제례 때 쓰는 집안,
즉 경(卿)이나 대부(大夫)는 소나 양을 기르지 않는
다. 전차 백 대를 차출하는 경의 집안에서는 취렴(聚
斂)하는 신하를 두지 않는다. 취렴하는 신하를 둘 바
에야 차라리 도둑질하는 신하를 두는 편이 낫다. 이를
일컬어 나라는 이(利)를 이로 여기지 않고, 의(義)를
이로 여긴다고 하는 것이다.」

孟獻子 魯之賢大夫 仲孫蔑也 畜馬乘 士初試
爲大夫者也 伐冰之家 卿大夫以上 喪祭用冰
者也
百乘之家 有采地者也 君子寧亡己之財 而不忍
傷民之力 故寧有盜臣 而不畜聚斂之臣 此謂以
下釋獻子之言也.

**(23) 長國家 而務財用者 必自小人矣 彼爲
善之　小人之使爲國家　菑害竝至　雖**

有善者　亦無如之何矣　此謂國　不以
利爲利　以義爲利也.

장국가 이무재용자(는) 필자소인의(니) 피위선지(하야) 소
인지사위국가(면) 재해병지(라) 수유선자(나) 역무여지하의
(니) 차위 국 불이리위리(요) 이의위리야(니라).

나라의 어른이 되어서 백성의 재물을 취렴하고 낭비하
는 까닭은, 반드시 소인으로부터 연유한다. 임금이 그
를 착하다고 생각하고, 소인으로 하여금 나라를 다스
리게 하면 재해가 함께 나타난다. 착한 사람이 나타나
도 어찌할 수 없게 된다. 이를 가리켜 나라는 물질적
이득을 이(利)로 여기지 않고, 의(義)를 이로 여긴다
고 말하는 것이다.

彼爲善之　此句上下　疑有闕文誤字　自由也　言
由小人導之也　此一節　深明　以利爲利之害　而
重言以結之　其丁寧之意切矣.

[右傳之十章　釋治國平天下.]

此章之義　務在與民同好惡　而不專其利　皆推廣絜
矩之意也　能如是　則親賢樂利　各得其所　而天下平矣.

[凡傳十章　前四章　統論綱領旨趣　後六章　細論條
目工夫　其第五章　乃明善之要　第六章　乃誠身之本
在初學　尤爲當務之急　讀者不可以其近而忽之也.]

찾아보기

中庸章句集註

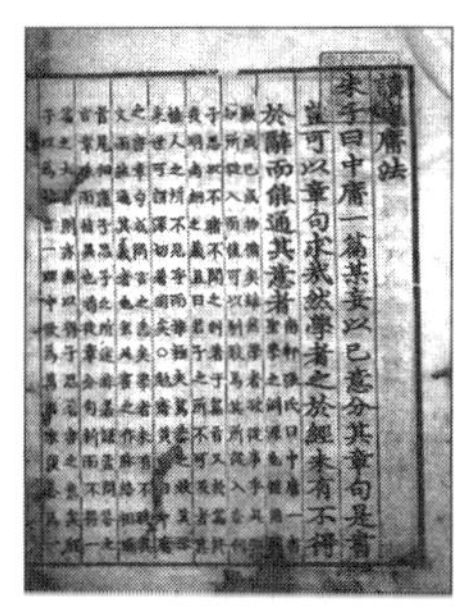

개정판 사서집주를 출판하면서

(1) 인류가 하나 되고 진정한 세계 평화를 확립하기 위해서는 모든 사람이 착한 본성을 바탕으로 절대선의 하늘의 도리를 따르고 실천해야 한다.

(2) 가정 사회 국가에서 상하좌우 모든 사람이 효도 윤리 도덕을 실천해야 한다.

(3) 그러기 위해서는 동양의 전통 사상과 철학을 배우고, 또 바르고 깊이 알아야 한다.

(4) 그 기본 경전이 바로 주자(朱子)가 편찬한 「사서집주(四書集註)」다. 즉 다음과 같다.

　① 대학장구집주(大學章句集註)
　② 중용장구집주(中庸章句集註)
　③ 논어집주(論語集註)
　④ 맹자집주(孟子集註)

(5) 원본은 영조(英祖) 경진(庚辰)에 간행한 내각장판(內閣藏板) 사서집주대전(四書集註大全)이다.

(6) 기본 체제는 명문당(明文堂)을 창설한 「김혁제(金赫濟) 사장」이 간행한 사서집주의 각본(各本)을 바탕으로 하고 따랐다.

(7) 단 이 책에서 개정한 요점은 다음과 같다.

경문(經文) : 현토 음독은 옛날을 따랐다. 단 한글 풀이는 바르고 깊은 뜻을 오늘에 맞게 요약했다.

집주(集註) : 구절 및 단락만을 표시했다. 단 자음에 대한 주해는 제외했다.

(8) 본사 명문당은 근 1세기에 걸쳐 많은 한문책을 간행 출판헸다. 그래시 많은 한학지들이 애독히고 연구했다.

(9) 새로 개정한 이 책들도 많은 지식인들이 애독하기를 바란다.

김동구 삼가 씀

차　례

讀中庸法

朱子曰　中庸一篇　某妄以己意　分其章句　是書豈可以章句求哉.

然學者之於經　未有不得於辭　而能通其意者.

又曰　中庸初學者　未當理會.

中庸之書難看　中間　說鬼說神　都無理會　學者須是見得箇道理了　方可看此書　將來印證.

讀書之序　須是且著力去看大學　又著力去看論語　又著力去看孟子　看得三書了　這中庸半截都了　不用問人只略略恁看過　不可掉了易底　却先去攻那難底.

中庸多說　無形影說　下學處少說　上達處多　若且埋會　文義則可矣.

讀書先須看大綱　又看幾多間架　如天命之謂性　率性之謂道　修道之謂敎　此是大綱.

夫婦所知所能　與聖人不知不能處　此類是間架.

譬人看屋　先看他大綱　次看幾多間間　內又有小間

然後方得貫通.

又曰 中庸自首章以下 多對說將來 直是整齊.

某舊讀中庸 以爲子思 做又時復有箇子曰 字讀得熟後方見得 是子思參夫子之說 著爲此書 自是沈潛反覆逐漸得其旨趣 定得今章句擺布得來直 恁麼細密.

近看中庸 於章句文義 間窺見 聖賢述作傳授之意 極有條理 如繩貫棊局之不可亂.

中庸當作 六大節看 首章 是一節 說中和.

自君子中庸以下十章 是一節 說中庸君子之道.

費而隱以下 八章 是一節 說費隱.

哀公問政以下 七章 是一節 說誠.

大哉聖人之道以下 六章 是一節 說大德小德.

末章是一節 復申首章之義.

問中庸大學之別 曰如讀中庸求義理 只是致知功夫 如謹獨修省 亦只是誠意.

問只是中庸直說 到聖而不可知處 曰如大學裏也有 如前王不忘 便是 篤恭而天下平底事.

中庸章句序

中庸何爲而作也　子思子憂道學之失其傳而作也

蓋自上古　聖神繼天立極　而道統之傳　有自來矣

其見於經　則允執厥中者　堯之所以授舜也　人心惟危
道心惟微　惟精惟一　允執厥中者　舜之所以授禹也　堯
之一言至矣　盡矣　而舜復益之以三言者　則所以明夫堯
之一言　必如是而後可庶幾也

蓋嘗論之　心之虛靈　知覺一而已矣

而以爲有人心道心之異者　　則以其或生於形氣之私
或原於性命之正　而所以爲知覺者不同　是以或危殆而
不安　或微妙而難見耳

然人莫不有是形　故雖上智　不能無人心　亦莫不有是
性　故雖下愚　不能無道心

二者　雜於方寸之間　而不知所以治之　則危者愈危
微者愈微　而天理之公　卒無以勝　夫人欲之私矣

精則察夫二者之間　而不雜也　一則守其本心之正而

不離也

從事於斯　無少間斷　必使道心　常爲一身之主　而人心　每聽命焉　則危者安　微者著　而動靜云爲　自無過不及之差矣

夫堯舜禹天下之大聖也　以天下相傳　天下之大事也　以天下之大聖　行天下之大事　而其授受之際　丁寧告戒不過如此　則天下之理　豈有以加於此哉

自是以來　聖聖相承　若成湯文武之爲君　皐陶伊傅周召之爲臣　旣皆以此　而接夫道統之傳

若吾夫子　則雖不得其位　而所以繼往聖開來學　其功反有賢於堯舜者

然當是時　見而知之者　惟顏氏曾氏之傳得其宗　及曾氏之再傳　而復得夫子之孫子思　則去聖遠　而異端起矣

子思懼夫愈久而愈失其眞也　於是推本堯舜以來　相傳之意　質以平日所聞父師之言　更互演繹　作爲此書以詔後之學者　蓋其憂之也深　故其言之也切　其慮之也遠　故其說之也詳

其曰　天命率性　則道心之謂也　其曰　擇善固執　則精一之謂也　其曰　君子時中　則執中之謂也

世之相後　千有餘年　而其言之不異　如合符節　歷選
前聖之書　所以提挈綱維　開示蘊奧　未有若是之明且盡
者也

自是而又再傳　以得孟氏爲能推明是書　以承先聖之
統　及其沒而遂失其傳焉　則吾道之所寄　不越乎言語文
字之間　而異端之說　日新月盛　以至於老佛之徒出　則
彌近理而大亂眞矣

然而尙幸此書之不泯　故程夫子兄弟者出　得有所考
以續夫千載不傳之緒　得有所據　以斥夫二家似是之非
蓋子思之功　於是爲大　而微程夫子　則亦莫能因其語而
得其心也

惜乎　其所以爲說者不傳　而凡石氏之所輯錄　僅出於
其門人之所記　是以大義雖明而微言未析　至其門人所
自爲說　則雖頗詳盡　而多所發明　然倍其師說而淫於老
佛者亦有之矣

熹自蚤歲　卽嘗受讀而竊疑之　沈潛反復　蓋亦有年
一旦恍然　似有得其要領者

然後乃敢會衆說而折其衷　旣爲定著　章句一篇　以俟
後之君子　而一二同志　復取石氏書　刪其繁亂　名以輯略

且記所嘗論辨取舍之意 別爲或問 以附其後

然後 此書之旨 支分節解 脉絡貫通 詳略相因 巨細畢學 而凡諸說之 同異得失 亦得以曲暢旁通 而各極其趣

雖於道統之傳 不敢妄議 然初學之士 或有取焉 則亦庶乎 行遠升高行之一助云爾

淳熙 己酉 春三月 戊申 新安 朱熹序.

中 庸 章 句

中者不偏不倚 無過不及之名 庸平常也

子程子曰 不偏之謂中 不易之謂庸 中者天下
之正道 庸者天下之定理

此篇乃孔門傳授心法 子思恐其久而差也 故筆
之於書以授孟子

其書始言一理 中散爲萬事 末復合爲一理 放
之則彌六合 卷之則退藏於密 其味無窮 皆實
學也 善讀者玩索而有得焉 則終身用之 有不
能盡者矣.

제1장 ▎ 총 5 절

(1) 天命之謂性 率性之謂道 修道之謂敎.

천명지위성(이오) 솔성지위도(요) 수도지위교(니라).

천명(天命)으로 준 것이 본성(本性)이다. 본성을 따
르는 것을 도(道)라고 한다. 도를 닦는 것을 교(敎)

라고 한다.

命猶令也 性則理也

天以陰陽五行 化生萬物 氣以成形 而理亦賦
焉 猶命令也

於是人物之生 因各得其所賦之理 以爲健順五
常之德 所謂性也

率循也 道猶路也 人物各循其性之自然 則其日
用事物之間 莫不各有當行之路 是則所謂道也

修品節之也 性道雖同 而氣稟或異 故不能無
過不及之差 聖人因人物之所當行者 而品節之
以爲法於天下 則謂之敎 若禮樂刑政之屬是也

蓋人知 己之有性 而不知其出於天 知事之有
道 而不知其由於性 知聖人之有敎 而不知 其
因吾之所固有者 裁之也 故子思於此 首發明
之 而董子所謂道之大原出於天 亦此意也.

**(2) 道也者 不可須臾離也 可離 非道也 是故
君子戒愼乎 其所不睹 恐懼乎 其所不聞.**

도야자(는) 불가수유리야(니) 가리(면) 비도야(라) 시

고(로) 군자(는) 계신호 기소부도(하며) 공구호 기소불
문(이니라).

도나 도리는 잠시도 떨어질 수 없다. 만약에 떨어질
수 있다면 참다운 도나 도리가 아니다. 그러므로 군
자는 보이지 않는 곳이나 〈보이지 않는 자기의 마음
을〉 경계하고 신중하게 지녀야 한다. 또 소리를 들을
수 없는 곳이나 〈소리 없는 자기의 마음을〉 겁내고
두렵게 여겨야 한다.

道者 日用事物當行之理 皆性之德而具於心 無
物不有 無時不然 所以不可須臾離也 若其可離
則豈率性之謂哉

是以君子之心 常存敬畏 雖不見聞 亦不敢忽
所以存天理之本然 而不使離於須臾之頃也.

(3) 莫見乎隱 莫顯乎微 故君子 愼其獨也.

막현호은(하며) 막현호미(라) 고 군자 신기독야(니라).

숨은 것보다 더 잘 드러나는 것이 없고, 미세한 것보
다 더 크게 발현하는 것이 없다. 고로 군자는 자기 혼
자만 아는 경지나 마음을 더욱 신중하게 한다.

隱暗處也 微細事也 獨者人所不知 而己所獨
知之地也

言幽暗之中 細微之事 跡雖未形 而幾則已動
人雖不知 而己獨知之 則是天下之事 無有著
見明顯 而過於此者

是以君子旣常戒懼 而於此尤加謹焉 所以遏人
欲於將萌 而不使其潛滋 暗長於隱微之中 以
至離道之遠也.

**(4) 喜怒哀樂之未發 謂之中 發而皆中節 謂
之和 中也者 天下之大本也 和也者 天
下之達道也.**

희노애락지 미발(이) 위지중(이오) 발이개중절(이) 위
지화(니라) 중야자(는) 천하지대본야(이오) 화야자(는)
천하지달도야(이니라).

희노애락(喜怒哀樂)의 정(情)이 미처 나타나지 않은
〈본연의 성리(性理)를〉 중(中)이라 하고, 정이 나타
나되 고르게 절도에 맞게 나타남을 화(和)라고 한다.
중은 천하의 대본(大本)이고, 화는 천하가 도(道)를

달성하는 바탕이다.

喜怒哀樂情也 其未發則性也 無所偏倚 故謂
之中

發皆中節 情之正也 無所乖戾 故謂之和

本者天命之性 天下之理 皆由此出 道之體也

達道者循性之謂 天下古今之所共由 道之用也

此言性情之德 以明道不可離之意.

(5) 致中和 天地位焉 萬物育焉.

치중화(면) 천지위언(하며) 만물육언(하니라).

중화를 이루어야 하늘과 땅이 제자리에 안정되고, 또
만물이 살아 자란다.

致推而極之也 位者安其所也 育者遂其生也

自戒懼而約之 以至於至靜之中 無所偏倚而其
守不失 則極其中而天地位矣

自謹獨而精之 以至於應物之處 無少差謬 而
無適不然 則極其和 而萬物育矣

蓋天地萬物 本吾一體 吾之心正 則天地之心

亦正矣　吾之氣順　則天地之氣亦順矣

故其效驗　至於如此　此學問之極功　聖人之能
事　初非有待於外　而修道之敎亦在其中矣

是其一體一用　雖有動靜之殊　然必其體立　而
後用有以行　則其實亦非有兩事也　故於此　合
而言之　以結上文之意.

[右第一章　子思述所傳之意以立言　首明道之本
原　出於天而不可易　其實體備於己而不可離　次
言存養省察之要　終言聖神功化之極

蓋欲學者於此　反求諸身　而自得之　以去夫外誘
之私　而充其本然之善　楊氏所謂　一篇之體要是
也

其下十章　蓋子思引夫子之言　以終此章之義.]

제 2 장 ┃ 총 2 절

(1) 仲尼曰　君子中庸　小人反中庸.

중니왈 군자(는) 중용(이요) 소인(은) 반 중용(이니라).

중니가 말했다. 「군자는 중용을 지키고 실천한다. 〈그러나〉 소인은 중용에 반대되게 행한다.」

中庸者 不偏不倚 無過不及 而平常之理 乃天命所當然 精微之極致也 唯君子爲能體之 小人反是.

(2) 君子之中庸也 君子而時中 小人之中庸也 小人而無忌憚也.

군자지중용야(는) 군자이시중(이요) 소인지중용야(는) 소인이무기탄야(니라).

「군자는 중용의 도를 실천한다. 군자는 때에 맞게 한다. 소인의 중용은 소인으로서 기탄하는 바가 없다.」

王肅本 作小人之反中庸也 程子亦以爲然 今從之

君子之所以爲中庸者 以其有君子之德 而又能隨時以處中也 小人之所以反中庸者 以其有小人之心 而又無所忌憚也

蓋中無定體 隨時而在 是乃平常之理也 君子

知其在我　故能戒謹不覩　恐懼不聞　而無時不中　小人不知有此　則肆欲妄行　而無所忌憚矣.

[右第二章]

此下十章　皆論中庸　以釋首章之義　文雖不屬　而意實相承也

變和言庸者　游氏曰　以性情言之　則曰中　和以德行　言之則曰中庸是也　然中庸之中實　兼中和之義.

제3장 ▌ 총 1 절

(1) 子曰 中庸其至矣乎 民鮮能久矣.

자왈 중용(은) 기지의호(인저) 민선능(이) 구의(니라).

공자가 말했다. 「중용은 지극한 도리다. 사람들이 행하지 못하게 된 지가 이미 오래되었다.」

過則失中　不及則未至　故惟中庸之德　爲至　然亦人所同得　初無難事

但世敎衰　民不興行　故鮮能之　今已久矣　論語

無能字.

[右第三章]

제 4 장 ┃ 총 2 절

> **(1) 子曰　道之不行也　我知之矣　知者過之愚者不及也 道之不明也 我知之矣 賢者過之　不肖者不及也.**

자왈 도지불행야(를) 아지지의(로니) 지자(는) 과지(하고) 우자(는) 불급야(니라)　도지불명야(를) 아지지의(로니) 현자(는) 과지(하고) 불초자(는) 불급야(니라).

공자가 말했다. 「도가 행해지지 않음을 나는 안다. 지자(知者)는 지나치고, 우자(愚者)는 못 미친다. 도가 밝게 나타나지 않는 이유를 나는 안다. 현자(賢者)는 지나치고, 불초자(不肖者)는 못 미친다.」

道者天理之當然 中而已矣 知愚賢不肖之過不及 則生禀之異 而失其中也

知者知之過 旣以道爲不足行 愚者不及知 又不知所以行 此道之所以常不行也

賢者行之過　既以道爲不足知　不肖者不及行
又不求所以知　此道之所以常不明也.

(2) 人莫不飮食也　鮮能知味也.

인막불음식야(언마는) 선능지미야(니라).

「사람은 누구나 다 먹고 마신다.〈그러나 먹고 마시
는〉참뜻을 알 수 있는 사람은 별로 없다.」

道不可離人自不察　是以有過不及之弊.

[右第四章]

제 5 장 ┃ 총 1 절

(1) 子曰　道其不行矣夫.

자왈 도 기불행의부(인저).

공자가 말했다. 「도가 행해지지 않노라.」

由不明　故不行.

[右第五章]

此章承上章 而擧其不行之端 以起下章之意.

제6장 ▌ 총1절

> (1) 子曰 舜其大知也與 舜好問 而好察邇言
> 隱惡而揚善 執其兩端 用其中於民 其斯
> 以爲舜乎.

자왈 순(은) 기대지야여(인저) 순(이) 호문 이호찰이언
(하고) 은악이양선(하고) 집기량단(이) 용기중어민(이
니) 기사이위순호(인저).

공자가 말했다. 「순임금은 대지(大知)이시다. 순임금
은 남에게 묻기를 좋아하셨으며, 남의 비근한 말이라
도 잘 살피시고, 좋지 않은 말이나 생각은 숨겨두고
좋은 말이나 생각은 높이 드러내셨다. 대립되는 양쪽
을 저울질하고 중용의 도에 맞게 백성을 다스리는 데
쓰셨다. 이가 곧 순임금 되심이다.」

舜之所以爲大知者 以其不自用 而取諸人也

邇言者淺近之言 猶必察焉 其無遺善可知

然於其言之未善者　則隱而不宣　其善者　則播
而不匿　其廣大光明　又如此　則人孰不樂告以
善哉

兩端謂衆論不同之極致　蓋凡物　皆有兩端　如
小大厚薄之類　於善之中　又執其兩端　而量度
以取中　然後用之　則其擇之審　而行之至矣

然非在我之權度精切不差　何以與此　此知之所
以無過不及　而道之所以行也.

[右第六章]

제7장 ▌ 총 1 절

(1) 子曰 人皆曰 予知 驅而納諸罟擭陷阱之
中 而莫之知辟也 人皆曰 予知 擇乎中
庸 而不能期月守也.

자왈 인개왈 여지(로되) 구이납제고획함정지중 이막지
지피야(하며) 인개왈 여지(로되) 택호중용 이불능기월
수야(니라).

공자가 말했다. 「사람은 다 "나는 지혜롭다"고 말한

다. 〈그러나〉 그물이나 덫이나 함정 속에 빠져들어도 〈그 화를〉 피할 줄 모른다. 사람은 다 "나는 지혜롭다"고 말하지만 중용을 택하고 한 달을 지키지도 못한다.」

罟網也 攫機檻也 陷阱坑坎也 皆所以掩取禽獸者也

擇乎中庸 辨別衆理 以求所謂中庸 卽上章好問用中之事也 期月匝一月也

言知禍而不知辟 以況能擇而不能守 皆不得爲知也.

[右第七章]

承上章 大知而言 又擧不明之端 以起下章也.

제8장 　총 1 절

> (1) 子曰 回之爲人也 擇乎中庸 得一善則拳拳服膺 而弗失之矣.

자왈 회지위인야 택호중용(하야) 득일선 즉권권복응(하고) 이불실지의(니라).

공자가 말했다. 「안회는 어진 사람이다. 중용을 택하

여 실천하고, 하나인 선도를 권권복응하고 잃지 않았
노라.」

回 孔子弟子 顔淵名 拳拳奉持之貌 服猶著也
膺胸也 奉持而著之心胸之間 言能守也

顔子蓋眞知之 故能擇能守如此 此行之所以無
過不及 而道之所以明也.

[右第八章]

제 9 장 ┃ 총 1 절

(1) 子曰 天下國家可均也 爵祿可辭也 白刃
可蹈也 中庸不可能也.

자왈 천하국가(도) 가균야(이며) 작록(도) 가사야(이
며) 백인(도) 가도야(이나) 중용(은) 불가능야(니라).

공자가 말했다. 「천하나 나라를 고르게 다스릴 수도
있다. 작위나 녹봉을 사양할 수도 있다. 시퍼런 칼날
을 밟을 수도 있다. 그러나 〈그것만으로는〉 중용을
행하지 못하노라.」

均平治也 三者 亦知仁勇之事 天下之至難也

然皆倚於一偏 故資之近 而力能勉者 皆足以
能之

至於中庸 雖若易能 然非義精仁熟 而無一毫
人欲之私者 不能及也

三者難而易 中庸易而難 此民之所以鮮能也.

[右第九章]

亦承上章 以起下章.

제10장 ▌ 총 5 절

(1) 子路問强.

자로 문강(한대).

자로가 강(强)에 대해서 물었다.

子路 孔子弟子 仲由也 子路好勇 故問强.

(2) 子曰 南方之强與 北方之强與 抑而强與.

자왈 남방지강여(아) 북방지강여(아) 억이강여(아).

공자가 되물었다. 「남방의 강인가, 북방의 강인가, 자기의 강인가.」

抑語辭 而汝也.

(3) 寬柔以敎 不報無道 南方之强也 君子居之.

관유이교(하고) 불보무도(는) 남방지강야(니) 군자거지(니라).

「관대하고 유순하게 남들을 교화하고 무도한 자에게도 보복을 하지 않는 것이 남방의 강이다. 군자는 그와 같은 강을 행하고 산다.」

寬柔以敎 謂含容巽順 以誨人之不及也 不報無道 謂橫逆之來 直受之而不報也 南方 風氣柔弱 故以含忍之力 勝人爲强 君子之道也.

(4) 衽金革 死而不厭 北方之强也 而强者居之.

임금혁 사이불염(이) 북방지강야(니) 이강자거지(이니라).

「쇠 무기를 베고 자거나 가죽 투구를 걸치고 〈싸우다
가〉 죽어도 싫어하지 않는 것이 북방의 무강(武强)
이다. 강한 자가 지니고 행한다.」

衽席也　金戈兵之屬　革甲胄之屬　北方風氣剛
勁　故以果敢之力　勝人爲强　强者之事也.

(5)　故君子　和而不流　强哉矯　中立而不倚
强哉矯　國有道　不變塞焉　强哉矯　國無
道　至死不變　强哉矯.

고(로) 군자(는) 화이불류(하나니) 강재교(여) 중립이
불의(하나니) 강재교(여) 국유도(에) 불변색언(하나니)
강재교(여) 국무도(에) 지사불변(하나니) 강재교(여).

「고로 군지는 화히되 흐르지 않으니 참으로 강하다.
중립을 지키고 한쪽으로 기울지 않으니 참으로 강하
다. 나라에 도가 있어도 궁색했을 때의 절개를 변하
지 않으니 참으로 강하다. 나라에 도가 없어도 죽어
도 변치 않으니 참으로 강하다.」

此四者　汝之所當强也

矯强貌　詩曰　矯矯虎臣　是也

倚偏著也 塞未達也 國有道 不變未達之所守
國無道 不變平生之所守也

此則所謂 中庸之不可能者 非有以自勝其人欲
之私 不能擇而守也

君子之强 孰大於是 夫子以是 告子路者 所以
抑其氣血之剛 而進之 以德義之勇也.

[右第十章]

제 11 장 ▌ 총 3 절

(1) 子曰 素隱行怪 後世有述焉 吾弗爲之矣.

자(이) 왈 소은행괴(를) 후세(에) 유술언(하나니) 오불
위지의(로라).

공자가 말했다. 「숨은 것을 찾아서 말하고 괴벽한 짓
을 행한다. 후세에 기술될 수도 있겠으나 나는 〈그런
것을〉 안한다.」

素按漢書當作索 蓋字之誤也

索隱行怪 言深求隱僻之理 而過爲詭異之行也

然以其足以欺世而盜名 故後世 或有稱述之者

此知之過　而不擇乎善　行之過　而不用其中　不當
強　而强者也　聖人豈爲之哉.

(2) 君子　遵道而行　半塗而廢　吾弗能已矣.

군자　준도이행(하다가)　반도이폐(하나니)　오불능이의
(로라).

「군자는 중용의 도를 따르고 행하지만, 중도에서 폐
하고 그만둔다. 그러나 나는 그만두지 못하겠다.」

遵道而行　則能擇乎善矣　半塗而廢　則力之不
足也　此其知　雖足以及之　而行有不逮　當强而
不强者也

已止也　聖人於此　非勉焉　而不敢廢　蓋至誠無
息　自有所不能止也.

(3) 君子　依乎中庸　遯世不見知　而不悔　唯　聖者能之.

군자(는)　의호중용(하야)　둔세불현지　이불회(하나니)
유성자(이야)　능지(니라).

군자는 중용을 지키고 세상에서 물러나 숨어살고, 남에게 알려지지 않아도 후회하지 않는다. 오직 성인만이 능히 한다.

不爲索隱行怪 則依乎中庸而已 不能半塗而廢 是以遯世不見知 而不悔也

此中庸之成德 知之盡 仁之至 不賴勇而裕如者 正吾夫子之事 而猶不自居也 故曰唯聖者能之而已.

[右第十一章]

子思所引夫子之言 以明首章之義者止此

蓋此篇大旨以知仁勇三達德 爲入道之門 故於篇首 卽以大舜顔淵子路之事明之 舜知也 顔淵仁也 子路勇也 三者廢其一 則無以造道 而成德矣 餘見第二十章.

제 12 장 총 4 절

(1) 君子之道 費而隱.

군자지도(는) 비이은(이니라).

군자의 도는 광대하게 나타난다. 그러나 은미(隱微)
하다.

費用之廣也 隱體之微也.

> (2) 夫婦之愚 可以與知焉 及其至也 雖聖人
> 亦有所不知焉 夫婦之不肖 可以能行焉
> 及其至也 雖聖人 亦有所不能焉 天地之
> 大也 人猶有所憾 故君子 語大 天下莫
> 能載焉 語小 天下莫能破焉.

부부지우(로도) 가이여지언(이로되) 급기지야(하야는)
수성인(이라도) 역유소부지언(하며) 부부지불초(로도)
가이능행언(이로되) 급기지야(하야는) 수성인(이라도)
역유소불능언(하며) 천지지대야(에도) 인유유소감(이
니) 고(로) 군자(이) 어대(에) 천하막능재언(이오) 어
소(에) 천하막능파언(이니라).

도는 어리석은 부부도 알 수 있다. 도의 지극한 경지
는 성인도 역시 다 알지 못하는 바가 있다. 어리석은
부부도 능히 행할 수 있다. 지극한 경지는 성인도 능
히 다 행할 수 없는 바가 있다. 천지는 크고 기능이
위대하다. 그런데도 역시 사람은 유감스럽게 생각하

는 바가 있다. 그러므로 군자가 도의 큼을 논하되 천하의 모든 사물에 도를 다 실을 수 없으며, 도의 미소한 본체나 작용을 논하되 천하의 모든 사물을 쪼개고 쪼개서 보이게 할 수도 없다.

君子之道　近自夫婦居室之間　遠而至於聖人天地之所不能盡　其大無外　其小無內　可謂費矣然其理之所以然　則隱而莫之見也

蓋可知可能者　道中之一事　及其至而聖人不知不能　則擧全體而言　聖人固有所不能盡也

侯氏曰　聖人所不知　如孔子問禮問官之類　所不能　如孔子不得位　堯舜病博施之類

愚謂　人所憾於天地　如覆載生成之偏　及寒暑灾祥之不得其正者.

(3) 詩云 鳶飛戾天 魚躍于淵 言其上下察也.

시운 연비려천(이오) 어약우연(이라) 언기상하찰야(라).

시경 대아 한록편(旱麓篇)에 있다. 『솔개는 날아 하늘로 솟구쳐 올라가고, 물고기는 못에서 뛰논다.』 이는 〈도가〉 위로 아래로 밝게 나타남을 말한 것이다.

詩 大雅旱麓之篇 鳶鷗類 戾至也 察著也

子思引此詩 以明化育流行 上下昭著 莫非此
理之用 所謂費也 然其所以然者 則非見聞所
及 所謂隱也

故程子曰 此一節 子思喫緊爲人處 活潑潑地
讀者其致思焉.

**(4) 君子之道 造端乎夫婦 及其至也 察乎
天地.**

군자지도 조단호부부(이나) 급기지야(는) 찰호천지(니
라).

군자가 지키고 행할 도리는 그 단서가 부부 사이에서
이루어진다. 그러나 그 지극한 경지는 히늘땅에서 밝
게 나타난다.

結上文.

[右第十二章]

子思之言 蓋以申明首章 道不可離之意也 其
下八章 雜引孔子之言 以明之.

제13장 ┃ 총 4 절

(1) 子曰 道不遠人 人之爲道 而遠人 不可
以爲道.

자(이) 왈 도불원인(하나니) 인지위도 이원인(이면) 불
가이위도(이니라).

공자가 말했다. 「도는 사람을 멀리하지 않는다. 사
람이 도를 행하면서 사람을 멀리한다면 도라 할 수
없다.」

道者 率性而已 固衆人之所能知 能行者也 故
常不遠於人 若爲道者 厭其卑近 以爲不足爲
而反務爲高遠難行之事 則非所以爲道矣.

(2) 詩云 伐柯伐柯 其則不遠 執柯以伐柯
睨而視之 猶以爲遠 故君子 以人治人
改而止.

시운 벌가벌가(여) 기칙불원(이라하니) 집가이벌가(호
되) 예이시지(하고) 유이위원(하나니) 고(로) 군자(는)

이인치인(하다가) 개이지(니라).

시경 빈풍 벌가편(伐柯篇)에 있다. 『도끼자루를 만들려고 나무를 벤다. 도끼자루를 만들려고 나무를 벤다. 그 기준은 멀리 있지 않다. 손에 자루를 잡고 가지를 베고 있으니 〈그것이 기준이거늘〉, 역시 곁눈질하여 보면서 아직도 멀다고 생각한다.』고로 군자는 사람의 본성의 도리를 기준으로 남을 다스려야 하며, 남이 〈본성의 도를 따라서〉 바르게 되면, 그것으로 멈추어야 한다.

詩 豳風伐柯之篇 柯斧柄 則法也 睨邪視也 言
人執柯伐木以爲柯者 彼柯長短之法 在此柯耳
然猶有彼此之別 故伐者 視之猶以爲遠也
若以人治人　則所以爲人之道　各在當人之身
初無彼此之別 故君子之治人也 卽以其人之道
還治其人之身 其人能改 卽止不治
蓋責之以其所能知能行　非欲其遠人以爲道
也 張子所謂以衆人望人　則易從是也.

(3)　忠恕　違道不遠　施諸己而不願　亦勿施
　　　於人.

충서 위도불원(이라) 시제기이불원(을) 역물시어인(이
니라).

「충과 서는 도에서 멀지 않다. 남이 나에게 한 바를
내가 원치 않으면 나도 남에게 하지 말아야 한다.」

盡己之心 爲忠 推己及人 爲恕 違去也 如春秋
傳 齊師 違穀七里之違 言自此至彼 相去不遠
非背而去之之謂也

道卽其不遠人者是也

施諸己而不願 亦勿施於人 忠恕之事也

以己之心 度人之心 未嘗不同 則道之不遠於
人者 可見 故己之所不欲 則勿以施於人 亦不
遠人以爲道之事

張子 所謂以愛己之心愛人 則盡仁是也.

(4) 君子之道四 丘未能一焉 所求乎子 以事
父 未能也 所求乎臣 以事君 未能也 所
求乎弟 以事兄 未能也 所求乎朋友 先
施之 未能也 庸德之行 庸言之謹 有所

不足 不敢不勉 有餘 不敢盡 言顧行 行
顧言 君子胡不慥慥爾.

군자지도사(에) 구미능일언(이로니) 소구호자(로) 이사
부(를) 미능야(하며) 소구호신(으로) 이사군(을) 미능
야(하며) 소구호제(로) 이사형(을) 미능야(하며) 소구
호붕우(로) 선시지(를) 미능야(로니) 용덕지행(하며)
용언지근(하야) 유소부족(이어든) 불감불면(하며) 유여
(면) 불감진(하야) 언고행(하며) 행고언(이니) 군자호
부조조이(리오).

「군자가 행할 도가 네 가지 있다. 그러나 나는 하나도
능히 행하지 못한다. 자식에게 바라는 바대로 부모
섬기기를 아직 못한다. 신하에게 요구하는 대로 임금
섬기기를 아직 못한다. 동생에게 요구하는 대로 형
섬기기를 아직 못한다. 벗에게 요구하는 대로 벗에게
먼저 베풀지 못한다. 고로 중용의 도에 믿는 덕을 행
하고, 중용의 도에 맞는 말을 근실하게 해야 한다. 모
자라면 감히 노력하지 않을 수 없고, 지나치면 감히
하지 말아야 한다. 말이 행동을 돌아보고, 행동이 말
을 돌아보아야 하니 군자가 어찌 독실하지 않을 수
있겠는가.」

求猶責也 道不遠人 凡己之所以責人者 皆道

之所當然也　故反之　以自責而自修焉

庸平常也　行者踐其實　謹者擇其可　德不足而
勉　則行益力　言有餘而訒　則謹益至　謹之至　則
言顧行矣　行之力　則行顧言矣　慥慥篤實貌　言
君子之言行如此　豈不慥慥乎　讚美之也　凡此
皆不遠人以爲道之事

張子所謂　以責人之心　責己則盡道是也.

[右第十三章]

道不遠人者　夫婦所能　丘未能一者　聖人所不能
皆費也而其所以然者　則至隱存焉　下章放此.

제14장 　총 5 절

(1) 君子素其位而行　不願乎其外.

군자(는) 소기위이행(이오) 불원호기외(니라).

군자는 자기가 처한 자리를 바탕으로 행한다. 자기
밖의 것을 바라지 않는다.

素猶見在也　言君子但因見在所居之位　而爲其
所當爲　無慕乎其外之心也.

(2) 素富貴 行乎富貴 素貧賤 行乎貧賤 素夷狄 行乎夷狄 素患難 行乎患難 君子無入 而不自得焉.

소부귀(하얀) 행호부귀(하며) 소빈천(하얀) 행호빈천(하며) 소이적(하얀) 행호이적(하면) 소환난(하얀) 행호환난(이니) 군자(는) 무입이부자득언(이니라).

부귀를 누리는 위치에 있으면 〈도에 맞게〉 부귀를 누린다. 빈천한 처지에 있으면 〈도에 맞게〉 빈천하게 산다. 이적의 땅에 있으면 〈도에 맞게〉 이적과 함께 산다. 환난에 빠져도 〈역시 도에 맞게〉 환난에 대처한다. 군자는 어떠한 처지에 들어가도 스스로 도를 터득하지 못하는 법이 없다.

此言 素其位 而行也.

(3) 在上位 不陵下 在下位 不援上 正己 而不求於人 則無怨 上不怨天 下不尤人.

재상위(하야) 불릉하(하며) 재하위(하야) 불원상(이오) 정기이불구어인(이면) 즉무원(이니) 상불원천(하며) 하불우인(이라).

윗자리에 있으면 아랫사람을 능욕하지 않는다. 아랫자리에 있으면 윗사람에게 덧붙고 의지하지 않는다. 자기를 바르게 하고 남에게 구하지 않는다. 그러므로 남을 원망하는 일도 없다. 위로는 하늘도 원망하지 않고, 아래로는 남을 탓하지도 않는다.

此言 不願乎其外也.

(4) 故君子居易以俟命 小人行險以徼幸.

고(로) 군자 거이이사명(하고) 소인 행험이요행(이니라).

그러므로 군자는 평이하게 처신하고 천명을 기다린다. 소인은 험난한 짓을 하고 요행을 바란다.

易平地也 居易 素位而行也 俟命 不願乎外也 徼求也 幸 謂所不當得而得者.

(5) 子曰 射有似乎君子 失諸正鵠 反求諸其身.

자왈 사유사호군자(하니) 실제정곡(이오) 반구제기신(이니라).

공자가 말했다. 「활쏘기의 도리가 군자의 도리와 닮은 점이 있다. 정곡을 맞추지 못하면 돌이켜 자신에게서 찾아본다.」

畫布曰正　棲皮曰鵠　皆侯之中　射之的也

子思引此孔子之言　以結上文之意.

[右第十四章]

子思之言也　凡章首　無子曰字者　放此.

제 15 장 　 총 3 절

> **(1)　君子之道　辟如行遠　必自邇　辟如登高　必自卑.**

군자지도(는) 비여행원(에) 필자이(하며) 비여등고(에) 필자비(이니라).

군자의 도는 비유하면 멀리 갈 때, 반드시 가까운 데서 시작하고, 높이 올라갈 때 반드시 낮은 데서 시작함과 같다.

辟　譬同.

(2) 詩曰 妻子好合 如鼓瑟琴 兄弟旣翕 和樂且耽 宜爾室家 樂爾妻帑.

시왈 처자호합(이) 여고슬금(하며) 형제기흡(하야) 화락차탐(이라) 의이실가(하며) 낙이처노(라).

시경 소아 상체편(常棣篇)에 있다. 『처와 자식들이 사랑하고 화합함이 슬(瑟)과 금(琴)이 어울려 소리를 내는 듯하다. 형제가 항상 화합하여 화락(和樂)하고 즐거워한다. 그대의 집안이 화목하고 의가 좋으며, 그대의 처와 자식들도 즐거워하노라.』

詩 小雅常棣之篇 鼓瑟琴和也 翕亦合也 耽亦樂也 帑子孫也.

(3) 子曰 父母 其順矣乎.

자왈 부모(는) 기순의호(이신져).

공자가 말했다. 「부모도 편하고 즐거우실 거다.」

夫子 誦此詩而讚之曰 人能和於妻子 宜於兄弟如此 則父母其安樂之矣

子思引詩及此語 以明行遠自邇 登高自卑

之意.

［右第十五章］

제16장 │ 총 5 절

(1) 子曰 鬼神之爲德 其盛矣乎.

자왈 귀신지위덕(이) 기성의호(인져).

공자가 말했다. 「귀신의 덕이 참으로 성대하다.」

程子曰 鬼神天地之功用 而造化之迹也

張子曰 鬼神者 二氣之良能也

愚謂以二氣言 則鬼者陰之靈也 神者陽之靈也
以一氣言 則至而伸者爲神 反而歸者爲鬼 其
實一物而已 爲德 猶言性情功效.

(2) 視之而弗見 聽之而弗聞 體物而不可遺.

시지이불견(하며) 청지이불문(하며) 체물이불가유(이
니라).

「귀신은 형상을 보려 해도 안 보이고, 소리를 들으려 해도 들을 수 없다. 〈귀신은〉 몸체가 되고 빠뜨리지 않는다.」

鬼神無形與聲 然物之終始 莫非陰陽合散之所爲 是其爲物之體 而物之所不能遺也

其言體物 猶易所謂幹事.

> **(3) 使天下之人 齊明盛服 以承祭祀 洋洋乎如在其上 如在其左右.**

사천하지인(으로) 제명성복(하야) 이승제사(하고) 양양호 여재기상(하며) 여재기좌우(이니라).

귀신이 천하의 모든 사람으로 하여금 목욕재계하고 정결한 마음가짐과 성대한 예복을 차려입고 제사를 받들게 한다. 〈그러면 귀신이 강림해서〉 흡사 강물처럼 넘실거리는 듯하고 그 좌우에 서성대는 듯이 한다.

齊之爲言齊也 所以齊不齊而致其齊也 明猶潔也

洋洋 流動充滿之意 能使人畏敬奉承 而發見昭著如此 乃其體物而不可遺之驗也

孔子曰 其氣發揚于上 爲昭明 焄蒿悽愴 此百
物之精也 神之著也 正謂此爾.

(4) 詩曰 神之格思 不可度思 矧可射思.

시왈 신지격사(를) 불가탁사(는) 신가역사(아).

시경에 있다.『신의 내림을 헤아릴 수 없다. 하물며
꺼리거나 싫어할 수 있으랴.』

詩 大雅抑之篇 格來也 矧況也 射厭也 言厭怠
而不敬也 思語辭.

(5) 夫微之顯 誠之不可揜 如此夫.

부미지현(이니) 성지불가엄(이) 여차부(인져).

대저 은미한 〈신령이〉 나타나고, 또 진실무망(眞實無
妄)하여 가려 덮을 수 없음이, 이와 같으니라.

誠者 眞實無妄之謂 陰陽合散 無非實者 故其
發見之不可揜 如此.

[右第十六章]

不見不聞 隱也 體物如在 則亦費矣

此前三章 以其費之小者而言 此後三章 以其
費之大者而言 此一章 兼費隱包大小而言.

제 17 장 │ 총 5 절

> **(1) 子曰 舜其大孝也與 德爲聖人 尊爲天子
> 富有四海之內 宗廟饗之 子孫保之.**

자왈 순(은) 기대효야여(이신져) 덕위성인(이시고) 존위천자(이시고) 부유사해지내(하사) 종묘향지(하시며) 자손보지(하시니라).

공자가 말했다. 「순은 참으로 위대한 효의 실천자이다. 덕을 세워 성인이 되고, 존귀한 자리에 올라 천자가 되고, 부를 누림에는 사해 안의 영토와 재물을 다 지니게 되었고, 선조를 종묘에 모시고 제사를 지냈으며, 자손들로 하여금 오래도록 보전케 하고 복을 누리게 했다.」

子孫 謂虞思 陳胡公之屬.

> **(2) 故大德 必得其位 必得其祿 必得其名 必得其壽.**

고(로) 대덕(은) 필득기위(하며) 필득기록(하며) 필득기명(하며) 필득기수(이니라).

「고로 대덕은 반드시 그에 맞는 자리를 얻고, 반드시 그에 어울리는 복록(福祿)을 받고, 반드시 그에 해당하는 성명(聖名)을 얻고, 또 반드시 수(壽)를 누린다.」

舜年百有十歲.

> **(3) 故天之生物 必因其材 而篤焉 故栽者培之 傾者 覆之.**

고(로) 천지생물(이) 필인기재 이독언(하나니) 고(로) 새사(는) 배지(하고) 경자(는) 복지(니라).

「고로 하늘이 만물을 낳고 키울 때에는 반드시 그 재질이나 소질을 바탕으로 하고 독실하게 키운다. 고로 땅에 바르게 심어진 것은 배양해서 잘 자라게 하고, 기운 것은 엎어진다.」

材質也 篤厚也 栽植也 氣至而滋息爲培 氣反而游散則覆.

(4) 詩曰 嘉樂君子 憲憲令德 宜民宜人 受祿于天 保佑命之 自天申之.

시왈 가락군자(여) 헌헌령덕(이) 의민의인(이라) 수록
우천(이어늘) 보우명지(하시고) 자천신지(하니라).

시경 대아 가락편(假樂篇)에 있다. 『훌륭하시고 즐거
우신 임금님, 밝게 빛나고 아름다운 그의 덕이, 백성
에게도 좋고, 선비들에게도 좋았노라. 이에 하늘이 복
록을 내려주고, 보호하고 도와주고, 또 명을 내려 〈천
자가 되게 하였으니〉 하늘이 스스로 거듭 돌보아 주
었노라.』

詩 大雅假樂之篇 假當依此作嘉 憲當依詩作
顯 申重也.

(5) 故大德者 必受命.

고(로) 대덕자(는) 필수명(이니라).

「고로 크게 덕을 세운 사람은 반드시 천명을 받는다.」

受命者 受天命爲天子也.

[右第十七章]

此由庸行之常 推之以極其至

見道之用廣也 而其所以然者 則爲體微矣 後
二章亦此意.

제18장 ▎ 총 3 절

> **(1) 子曰 無憂者 其惟文王乎 以王季爲父
> 以武王爲子 父作之 子述之.**

자왈 무우자(는) 기유문왕호(이신져) 이왕계위부(하시
고) 이무왕위자(하시니) 부작지(어시늘) 자술지(하시
니라).

공자가 말했다.「걱정이 없는 사람은 오직 주나라 문
왕이시있다. 그는 왕게를 아버지로 심고, 무왕을 아들
로 두었다. 아버지 왕게가 왕업의 바탕을 만들고, 아
들 무왕이 왕업을 계승하고 성취했다.」

此言 文王之事 書言王季其勤王家 蓋其所作
亦積功累仁之事也.

(2) 武王纘大王王季文王之緒 壹戎衣而有天下 身不失天下之顯名 尊爲天子 富有四海之內 宗廟饗之 子孫保之.

무왕(이) 찬태왕왕계문왕지서(하사) 일융의이유천하(하시되) 신불실천하지현명(하시니) 존위천자(이시고) 부유사해지내(하사) 종묘향지(하시며) 자손보지(하시니라).

「무왕이 태왕, 왕계, 문왕이 세운 왕업을 계승하고 딱 한번 무력을 행사하여 〈무도한 은(殷)의 주왕(紂王)을 타도하고〉 천하를 평정했다. 그러나 무왕은 결코 천하에 빛나는 명성을 잃지 않았으므로 〈천명을 받고〉 존귀한 천자가 되었으며, 부(富)함에 있어 사해(四海) 안의 모든 것을 소유하게 되었고, 또 선조를 종묘에 모시고 제사를 흠향(歆饗)해 올렸으며, 아울러 자손들로 하여금 길이 나라를 보전케 했다.」

此言 武王之事 纘繼也 大王王季之父也 書云 大王肇基王迹 詩云至于大王 實始翦商 緒業也 戎衣甲冑之屬 壹戎衣 武成文 言壹著戎衣以伐紂也.

(3) 武王未受命 周公成文武之德 追王大王
王季 上祀先公 以天子之禮 斯禮也 達
乎諸侯 大夫及士庶人 父爲大夫 子爲士
葬以大夫 祭以士 父爲士 子爲大夫 葬
以士 祭以大夫 期之喪 達乎大夫 三年
之喪 達乎天子 父母之喪 無貴賤一也.

무왕(이) 말수명(이어시늘) 주공(이) 성문무지덕(하사)
추왕태왕왕계(하시고) 상사선공 이천자지례(하시니) 사
례야(이) 달호제후대부급사서인(하니) 부위대부(이오)
자위사(이어든) 장이대부(오) 제이사(하며) 부위사(요)
자위대부(이어든) 장이사(요) 제이대부(하며) 기지상
(은) 달호대부(하고) 삼년지상(은) 달호천자(하니) 부
모지상(은) 무귀천일야(니라).

「무왕이 늦게 천명을 받았으며 〈동생〉 주공이 〈섭정
하고〉 아버지 문왕과 형 무왕의 덕을 완성했다. 〈또
예악 문물을 제정하여〉 태왕(大王)과 왕계(王季)를
추중(追贈)했다. 또 위로는 선조를 천자의 예로써 제
사 지냈다. 〈주공이 제정한〉 이와 같은 예법은 제후
(諸侯), 대부(大夫) 및 사(士)와 서인(庶人)에게도
통용되었다. 아버지가 대부이고 아들이 사인 경우에
는, 장사는 대부의 예로써 지내고 제사는 사의 예로

써 지낸다. 아버지가 사이고 아들의 신분이 대부일 경우에는, 장사는 사의 예로써 지내고 제사는 대부의 예로써 지낸다. 기년상(期年喪)의 제도는 대부에까지 통용하고, 부모에 대한 3년상은 천자에게도 통용한다. 부모에 대한 상례는 귀천의 차별없이 다 같다.」

此言周公之事 末猶老也 追王蓋推文武之意 以及乎王迹之所起也

先公組紺以上至后稷也

上祀先公以天子之禮 又推大王王季之意 以及 於無窮也

制爲禮法 以及天下 使葬用死者之爵 祭用生 者之祿 喪服自期以下 諸侯絶 大夫降 而父母 之喪 上下同之 推己以及人也.

[右第十八章]

제 19 장 ▌ 총 6 절

(1) 子曰 武王周公 其達孝矣乎.

자왈 무왕주공(은) 기달효의호(이신져).

공자가 말했다. 「무왕과 주공은 참으로 달효니라.」

達通也 承上章而言 武王周公之孝 乃天下之
人 通謂之孝 猶孟子之言達尊也.

(2) 夫孝者 善繼人之志 善述人之事者也.

부효자(는) 선계인지지(하며) 선술인지사자야(니라).

「무릇 효는 어른의 뜻을 잘 계승하고, 어른의 일을 더
욱 발전적으로 성취함이다.」

上章言 武王纘大王 王季 文王之緒 以有天下
而周公成文武之德 以追崇其先祖 此繼志述事
之大者也 下文又以其所制祭祀之禮 通于上下
者言之.

(3) 春秋 修其祖廟 陳其宗器 設其裳衣 薦 其時食.

춘추(에) 수기조묘(하며) 진기종기(하며) 설기상의(하
며) 천기시식(이니라).

「춘하추동 사계절마다 종묘나 가묘를 청결하게 손질

하고, 대대로 물려 내려온 제기나 귀중한 보물들을
진열한다. 또 조상의 의복을 펼쳐 시동(尸童)에게 걸
친다. 그리고 계절 음식을 바쳐 올린다.」

祖廟天子七 諸侯五 大夫三 適士二 官師一

宗器 先世所藏之重器 若周之赤刀 大訓 天球
河圖之屬也

裳衣 先祖之遺衣服 祭則設之以授尸也 時食
四時之食 各有其物 如春行羔豚膳膏香之類
是也.

**(4) 宗廟之禮 所以序昭穆也 序爵 所以辨貴
賤也 序事 所以辨賢也 旅酬 下爲上 所
以逮 賤也 燕毛 所以序齒也.**

종묘지례(는) 소이서소목야(요) 서작(은) 소이변귀천야
(요) 서사(는) 소이변현야(요) 여수(에) 하(이) 위상
(은) 소이체천야(요) 연모(는) 소이서치야(니라).

「종묘의 예법은 소목(昭穆)의 서열이나 순차를 바르
게 세우기 위해서다. 작위에 따라 서열을 매기는 것
은 신분상의 귀천을 분별하기 위해서다. 제사 지낼
때에 담당할 직책의 서열을 바르게 잡는 것은 현명한

사람과 그렇지 못한 사람을 분별하기 위해서다. 모든
사람에게 음복주(飮福酒)하게 하는 까닭은, 아래가
위에게 잔을 권하는 것으로 〈제사의 은혜를〉 하천한
사람에게도 두루 미치게 하기 위해서다. 동족만의 연
음(宴飮)에서 머리털, 즉 나이로 자리 순서를 정하는
까닭은 노약(老弱)의 질서를 바로잡기 위해서다.」

宗廟之次 左爲昭 右爲穆 而子孫 亦以爲序 有
事於太廟 則子姓兄弟羣昭群穆 咸在而不失其
倫焉

爵公侯卿大夫也 事宗祝有司之職事也

旅衆也 酬導飮也 旅酬之禮 賓弟子 兄弟之子
各擧觶於其長 而衆相酬

蓋宗廟之中 以有事爲榮 故逮及賤者 使亦得
以申其敬也

燕毛 祭畢而燕 則以毛髮之色 別長幼 爲坐次
也 齒年數也.

(5) 踐其位 行其禮 奏其樂 敬其所尊 愛其所
親 事死如事生 事亡如事存 孝之至也.

천기위(하야) 행기례(하며) 주기악(하며) 경기소존(하며) 애기소친(하며) 사사여사생(하며) 사망여사존(이) 효지지야(니라).

「제사 지내실 때 밟던 자리를 밟고, 선왕과 같은 예를 행하고, 선왕과 같은 예악을 연주하고, 선왕이 높이시던 선조와 신령을 존경하고, 선왕이 친애하시던 자손과 백성을 친애한다. 돌아가신 분을 살아계신 듯이 섬기고, 사망하신 분을 생존해 계신 듯이 섬기고 받든다. 이렇게 하는 것이 효도의 지극함이다.」

踐猶履也 其指先王也 所尊所親先王之祖考子孫臣庶也 始死謂之死 旣葬則曰反而亡焉 皆指先王也

此結上文兩節 皆繼志述事之意也.

(6) 郊社之禮 所以事上帝也 宗廟之禮 所以祀乎其先也 明乎郊社之禮 禘嘗之義 治國其如示諸掌乎.

교사지례 소이사상제야(요) 종묘지례 소이사호기선야(요) 명호교사지례(와) 체상지의(면) 치국(은) 기여시제장호(인져).

「교제(郊祭)와 사제(社祭)의 제례(祭禮)는 상제(上帝)와 후토(后土)를 모시기 위함이다. 종묘에서 제례를 지내는 까닭은 선조의 신령을 잘 섬기고자 함이다. 교제나 사제의 뜻을 밝게 알고 성실하게 실행하면, 나라 다스리기는 손바닥 안을 들여다보듯이 밝게 알고 행할 수 있다.」

　　郊祭天　社祭地　不言后土者　省文也
　　禘天子宗廟之大祭　　追祭太祖之所自出於太廟
　而以太祖配之也　嘗秋祭也　四時皆祭　擧其一耳
　禮必有義　對擧之互文也　示與視同　視諸掌言
　易見也　此與論語文意　大同小異　記有詳略耳.

[右第十九章]

제 20 장 ▌ 총 20 절

(1) 哀公 問政.

　　애공(이) 문정(하노라).

애공이 정치에 대해서 물었다.

　　哀公魯君名蔣.

> (2) 子曰 文武之政 布在方策 其人存 則其
> 政擧 其人亡 則其政息.

자왈 문무지정(이) 포재방책(하니) 기인존 즉기정거(하
고) 기인무 즉기정식(이라).

공자가 말했다. 「주나라 문왕과 무왕의 정치의 법도
나 업적은 옛날 전적에 기록되어 있다. 성왕이 있으
면 덕치가 있고, 성왕이 없으면 덕치도 없다.」

方版也 策簡也 息猶滅也 有是君 有是臣 則有
是政矣.

> (3) 人道敏政 地道敏樹 夫政也者 蒲盧也.

인도(는) 민정(하고) 지도(는) 민수(하니) 부정야자
(는) 포로야(니라).

「사람의 도는 정치에 민첩하다. 땅의 도리는 식물에
민첩하다. 정치는 갈대같이 〈도를 따른다.〉」

敏速也 蒲盧 沈括以爲蒲葦 是也 以人立政 猶
以地種樹 其成速矣 而蒲葦 又易生之物 其成
尤速也 言人存政擧 其易如此.

(4) 故爲政在人 取人以身 修身以道 修道
以仁.

고(로) 위정재인(하니) 취인이신(이오) 수신이도(요)
수도이인(이니라).

「고로 정치는 사람에게 달렸다. 〈임금이〉 몸소 〈좋
은〉 사람을 써야 한다. 〈임금도〉 몸소 도를 수양해야
한다. 인(仁)을 바탕으로 도를 수양해야 한다.」

此承上文 人道敏政 而言也 爲政在人 家語 作
爲政在於得人 語意尤備

人謂賢臣 身指君身 道者天下之達道 仁者天地
生物之心而人得以生者 所謂元者善之長也

言人君爲政 在於得人 而取人之則 又在修身
能仁其身 則有君有臣 而政無不擧矣.

(5) 仁者人也 親親爲大 義者宜也 尊賢爲大
親親之殺 尊賢之等 禮所生也.

인자(는) 인야(니) 친친(이) 위대(니라) 의자(는) 의야
(니) 존현(이) 위대(니라) 친친지쇄(와) 존현지등(이)
예소생야(니라).

「인(仁)은 인(人)이다. 육친을 친애하는 것이 가장 중대하다. 의(義)는 옳게 함이다. 현인을 존경하는 것이 가장 중대하다. 친친(親親)에도 차등이 있고, 존현(尊賢)에도 등급이 있다. 〈그래서〉 예절(禮節)이 있게 마련이다.」

人指人身而言　具此生理　自然便有　惻怛慈愛之　意　深體味之可見

宜者分別事理　各有所宜也　禮則節文斯二者而已.

[衍文 : 在下位　不獲乎上　民不可得而治矣.]

鄭氏曰　此句在下　誤重在此.

> **(6) 故君子　不可以不修身　思修身　不可以不事親　思事親　不可以不知人　思知人　不可以不知天.**

고(로) 군자(이) 불가이불수신(이니) 사수신(이면) 불가이불사친(이오) 사사친(이면) 불가이부지인(이오) 사지인(이면) 불가이부지천(이라).

「고로 임금은 자신을 수양하지 않으면 안 된다. 자신을

수양하려고 생각하면 불가불 어버이를 잘 섬기고 〈효도
해야 한다.〉 어버이를 섬기려면 사람을 알지 않으면 안
된다. 사람을 알려면 불가불 하늘을 잘 알아야 한다.」

爲政在人 取人以身 故不可以不修身 修身以
道 修道以仁

故思修身 不可以不事親 欲盡親親之仁 必由
尊賢之義 故又當知人

親親之殺 尊賢之等 皆天理也 故又當知天.

(7) 天下之達道五 所以行之者三 曰 君臣也
父子也 夫婦也 昆弟也 朋友之交也 五
者 天下之達道也 知仁勇 三者 天下之
達德也 所以行之者一也.

천하지달도 오(에) 소이행지자(는) 삼(이니) 왈 군신야
부자야 부부야 곤제야 붕우지교야(요) 오자(는) 천하지
달도야(요) 지인용 삼자(는) 천하지달덕야(이니) 소이
행지자(는) 일야(니라).

「천하 어디에서나 또 고금을 통해서 모든 사람에게
통달하는 길과 도리가 다섯이고, 그것을 행하는 바탕
은 셋이다. 즉 임금과 신하, 아버지와 자식, 남편과 아

내, 형과 동생, 붕우가 서로 사귀는 다섯 가지 도리가
천하의 달도(達道)이다. 지(知), 인(仁), 용(勇) 셋은
천하의 달덕(達德)이다. 〈달도와 달덕을〉 행하는 바
탕은 하나이다.」

達道者　天下古今所共由之路　卽書所謂五典
孟子所謂父子有親　君臣有義　夫婦有別　長幼
有序　朋友有信　是也

知所以知此也　仁所以禮此也　勇所以强此也
謂之達德者　天下古今　所同得之理也　一則誠
而已矣

達道雖人所共由　然　無是三德　則無以行之　達
德　雖人所同得　然　一有不誠　則人欲間之　而德
非其德矣

程子曰　所謂誠者　止是誠實此三者　三者之外
更別無誠.

(8) 或生而知之　或學而知之　或困而知之　及
其知之　一也　或安而行之　或利而行之
或勉强而行之　及其成功　一也.

혹생이지지(하며) 혹학이지지(하며) 혹곤이지지(하나) 급기지지(에는) 일야(라) 혹안이행지(하며) 혹리이행지(하며) 혹면강이행지(하나) 급기성공(에는) 일야(이니라).

「태어나면서 도를 아는 사람도 있다. 배워서 도를 아는 사람도 있다. 막힌 다음에 애를 써서 도를 알게 된 사람도 있다. 도를 알게 된 점은 동일하다. 어떤 사람은 도를 힘들이지 않고 안락하게 행하기도 한다. 어떤 사람은 좋고 아름다운 생각으로 도를 행하기도 한다. 어떤 사람은 힘들여 노력하여 도를 행하기도 한다. 그러나 도를 행함에 있어서는 동일하다.」

知之者之所知 行之者之所行 謂達道也

以其分而言　則所以知者知也　所以行者仁也 所以至於知之成功而一者勇也

以其等而言 則生知安行者知也 學知利行者仁也 困知勉行者勇也

蓋人性雖無不善 而氣禀有不同者 故聞道有蚤 莫 行道有難易 然能自强不息 則其至一也

呂氏曰 所入之塗雖異 而所至之域則同 此所以 爲中庸 若乃企生知安行之資 爲不可幾及 輕困 知勉行 謂不能有成 此道之所以不明不行也.

(9) 子曰 好學近乎知 力行近乎仁 知恥近乎勇.

자왈 호학(은) 근호지(하고) 역행(은) 근호인(하고) 지치(는) 근호용(이니라).

공자가 말했다. 「배우기를 좋아하면 지(知)에 가까워진다. 힘써 행하면 인(仁)에 가까워진다. 부끄러움을 가리면 용(勇)에 가까워진다.」

子曰二字衍文 此言未及乎 達德而求以入德之事

通上文三知爲知 三行爲仁 則此三近者 勇之次也

呂氏曰 愚者自是而不求 自私者徇人欲而忘返 儒者甘爲人下而不辭

故好學非知 然足以破愚 力行非仁 然足以忘私 知恥非勇 然足以起懦.

(10) 知斯三者 則知所以修身 知所以修身 則知所以治人 知所以治人 則知所以治天下國家矣.

지사삼자(면) 즉지소이수신(이오) 지소이수신(이면) 즉
지소이치인(이오) 지소이치인(이면) 즉지소이치천하국
가의(니라).

「세 가지를 알고 행하면 곧 수신하는 바탕을 알게 되
고, 수신하는 바탕을 알고 행하면 곧 남을 다스리는
도리나 방법을 알게 되고, 또 남을 다스리는 바탕을
알고 행하면 곧 천하나 국가를 다스릴 도리나 방법도
알게 된다.」

斯三者 指三近而言 人者 對己之稱 天下國家
則盡乎人矣

言此以結上文修身之意 起下文九經之端也.

(11) 凡爲天下國家 有九經 曰 修身也 尊賢
也 親親也 敬大臣也 體群臣也 子庶民
也 來百工也 柔遠人也 懷諸侯也.

범위천하국가 유구경(하니) 왈 수신야(와) 존현야(와)
친친야(와) 경대신야(와) 체군신야(와) 자서민야(와)
내백공야(와) 유원인야(와) 회제후야(니라).

「무릇 천하와 국가를 다스림에 있어 천자나 임금이
지키고 행해야 할 구경(九經)이 있다. 다음과 같다.

임금 자신이 몸을 닦고 수양해야 한다. 현명한 사람을 스승으로 모시고 벗으로 사귀어야 한다. 임금이 부모형제 및 일가 친족을 친애해야 한다. 높은 신하를 존경해야 한다. 모든 신하들의 처지와 어려움을 몸소 살피고 걱정하고, 또 구휼해야 한다. 서민 백성들을 자식처럼 사랑해야 한다. 모든 생산에 종사하는 기술자들이 자진해서 모여들게 해야 한다. 먼 곳에서 온 여행객이나 이방인들을 부드럽게 돌봐주어야 한다. 각 지방을 다스리는 제후들을 덕으로써 품어야 한다.」

經常也　體謂設以身處其地　而察其心也　子如父母之愛其子也　柔遠人　所謂無忘賓旅者也　此列九經之目也

呂氏曰　天下國家之本在身　故修身爲九經之本然必親師取友　然後修身之道進　故尊賢次之

道之所進　莫先其家　故親親次之　由家以及朝廷　故敬大臣　體君臣次之

由朝廷以及其國　故子庶民　來百工次之　由其國以及天下　故柔遠人　懷諸侯次之　此九經之序也

視羣臣　猶吾四體　視百姓　猶吾子　此視臣視民

之別也.

> (12) 修身則道立　尊賢則不惑　親親則諸父
> 昆弟不怨　敬大臣則不眩　體群臣則士
> 之報禮重　子庶民則百姓勸　來百工則
> 財用足　柔遠人則四方歸之　懷諸侯則
> 天下畏之.

수신즉도립(하고) 존현즉불혹(하고) 친친즉제부곤제불원(하고) 경대신즉불현(하고) 체군신즉사지보례중(하고) 자서민즉백성권(하고) 내백공즉재용족(하고) 유원인즉사방귀지(하고) 회제후즉천하외지(니라).

「임금이 수신하면 도가 서고, 현명한 스승이나 벗을 높이면 미혹(迷惑)하지 않는다. 일가나 친족을 고르게 친애하면 백부나 숙부 및 자기 형제들 일가 모든 사람이 원망하지 않게 된다. 임금이 원로나 대신들을 공경하면 정사가 흐리지 않고 밝게 된다. 임금이 몸소 신하들의 처지와 심정을 살피고 구휼하면 모든 선비들이 예를 갖추고 정중히 보답하게 될 것이다. 임금이 백성들을 자식처럼 자애하면 백성들이 서로 권면하게 될 것이다. 모든 생산 기술자나 수공업자들이 자진해서 모여들면 나라의 재물이 풍족해지고, 또 기물도구가 풍족하게 될 것이다. 먼 곳에서 온 여행객을 따뜻하게 대접하면 사방에서 상려(商旅)나 귀빈들이 몰려올 것이다. 모든 나라의 제후들을 덕으로 품으면 천하의 만민이 경외하고 귀순할 것이다.」

此言 九經之效也

道立 謂道成於己 而可爲民表 所謂皇建其有極 是也 不惑謂不疑於理 不眩謂不迷於事 敬大臣 則信任專 而小臣不得以間之 故臨事而不眩也 來百工 則通功易事 農末相資 故財用足 柔遠人 則天下之旅 皆悅而願出於其塗 故四方歸 懷諸侯 則德之所施者博 而威之所制者廣矣 故曰天下畏之.

(13-1) 齊明盛服 非禮不動 所以修身也 去 讒遠色 賤貨而貴德 所以勸賢也 尊其 位 重其祿 同其好惡 所以勸親親也.

제명성복(하야) 비례부동(은) 소이수신야(요) 거참원색(하며) 천화이귀덕(은) 소이권현야(요) 존기위(하며) 중기록(하며) 동기호오(는) 소이권친친야(니라).

「임금은 외모를 빛나고 엄하게 차리고, 예가 아니면 동하지 않는 것이 수신의 바탕이다. 임금이 참언하는 간신을 물리치고 여색(女色)을 멀리하고, 재물보화(財物寶貨)를 천시하고 덕(德)을 높이는 것이 바로 권현(勸賢)의 바탕이다. 임금이 신분과 지위를 귀하게 여기고, 또 녹봉을 후하게 내려주고, 또 그들과 호오(好惡)를 같이하는 것이 바로 친친(親親)을 권면(勸勉)하는 바탕이다.」

此言九經之事也.

(13-2) 官盛任使 所以勸大臣也 忠信重祿 所以勸士也.

관성임사(는) 소이권대신야(요) 충신중록(은) 소이권사야(라).

「관속(官屬)을 많이 두고 〈대신으로 하여금 임의로〉 부리고 쓰게 하는 것이 곧 대신을 권면하는 바탕이다. 〈임금이 신하를〉 성심으로 신임하고 봉록을 후하게 주는 것이 곧 선비를 권면하는 바탕이다.」

官盛任使 謂官屬衆盛 足任使令也 蓋大臣 不當親細事 故所以優之者如此 忠信重祿 謂待

之誠而養之厚 蓋以身體之 而知其所賴乎上者
如此也.

(13-3) 時使薄斂 所以勸百姓也 日省月試 旣禀稱事 所以勸百工也.

시사박렴(은) 소이권백성야(요) 일성월시(하야) 희름칭
사(는) 소이권백공야(니라).

「〈백성들을 부려 쓰되〉 때를 가려서 부려 쓰고 〈백성
들로부터 세금을 거두되〉 가볍게 거두어들이는 것이
곧 백성을 권면하는 바탕이다. 날마다 살피고 달마다
헤아려서 실적이나 성과를 헤아려 평가하고, 녹봉이
나 급여를 성적에 맞게 하는 것이 모든 기능공을 권
면하는 바탕이다.」

旣讀曰餼 餼禀稍食也 稱事如周禮藁人職曰
考其弓弩 以上下其食是也.

(13-4) 送往迎來 嘉善而矜不能 所以柔遠 人也 繼絶世 擧廢國 治亂持危 朝 聘以時 厚往而薄來 所以懷諸侯也.

송왕영래(하며) 가선이긍불능(은) 소이유원인야(요) 계절세(하야) 거폐국(하며) 치란지위(하며) 조빙이시(하며) 후왕이박래(는) 소이회제후야(니라).

「〈먼 나라에서 찾아온 귀빈이나 상려(商旅)들이〉 돌아갈 때는 정중히 전송하고 올 때는 환영한다. 착하고 능력있는 사람을 반겨서 잘 대접하고, 능력없고 어려운 처지에 있는 사람들을 긍휼히 여기고 돌봐준다. 이렇게 하는 것이 먼 나라 사람들을 부드럽고 따뜻하게 대하는 바탕이다. 〈제후로 하여금〉 단절된 대를 이어 주게 하고 폐망(廢亡)한 〈제후국을〉 다시 일으켜 세우고, 흐트러진 나라를 잘 다스리게 하고, 위태하게 기운 나라를 바로잡아 준다. 제후들의 내조(來朝)와 예물 진상을 때에 맞게 하고 〈그때에도 제후들을〉 후하게 대접해 보내고, 올 때의 예물은 박하게 받는다. 이렇게 하는 것이 〈천자가〉 제후들을 〈은덕으로〉 품는 바탕이다.」

往則爲之授節以送之 來則豊其委積以迎之 朝謂諸侯見於天子 聘謂諸侯使大夫來獻 王制比年一少聘 三年一大聘 五年一朝 厚往薄來 謂燕賜厚而納貢薄.

(14) 凡爲天下國家 有九經 所以行之者 一也.

범위천하국가 유구경(하니) 소이행지자(는) 일야(라).

「무릇 국가를 다스림에는 구경(九經)이 있다. 〈그러나〉 구경을 행하는 바탕은 하나다.」

一者誠也 一有不誠 則是九者 皆爲虛文矣 此九經之實也.

(15) 凡事 豫則立 不豫則廢 言前定則不跲 事前定則不困 行前定則不疚 道前定則不窮.

범사 예즉립(하고) 불예즉폐(하나니) 언전정즉불겁(하고) 사전정즉불곤(하고) 행전정즉불구(하고) 도전정즉불궁(이니라).

「모든 일은 미리 〈성실(誠實)함을〉 세워야 한다. 미리 세우지 않으면 폐(廢)하게 된다. 말함에도 먼저 성실한 바탕이 확고하게 서있어야 말이 허망하지 않고, 일을 해도 먼저 성실한 바탕이 확고하게 서있어야 일함에 막히지 않고, 행동을 해도 먼저 성실한 바

탕이 확고하게 서야 행동에 병폐가 없고, 도를 따르
고 행함에도 먼저 성실한 바탕이 확고하게 서있어야
도가 막히지 않는다.」

凡事 指達道達德九經之屬 豫素定也 跲躓也
疚病也 此承上文 言 凡事 皆欲先立乎誠 如下
文 所推是也.

(16) 在下位 不獲乎上 民不可得而治矣 獲
乎上 有道 不信乎朋友 不獲乎上矣 信
乎朋友 有道 不順乎親 不信乎朋友矣
順乎親 有道 反諸身不誠 不順乎親矣
誠身有道 不明乎善 不誠乎身矣.

재하위(하야) 불획호상(이면) 민불가득이치의(리라) 획
호상(이) 유도(하니) 불신호붕우(이면) 불획호상의(리
라) 신호붕우(이) 유도(이니) 불순호친(이면) 불신호붕
우의(니라) 순호친(이) 유도(이니) 반제신불성(이면)
불순호친의(리라) 성신(이) 유도(이니) 불명호선(이면)
불성호신의(리라).

「아래에 있으면서 윗사람에게 신임을 얻지 못하면 백
성을 잘 다스릴 수 없다. 윗사람에게 신임을 얻는 도

리가 있다. 붕우에게 믿음을 받지 못하면 윗사람에게 신임을 얻지 못한다. 붕우에게 믿음을 받는 데에 도리가 있다. 부모에게 효순(孝順)하지 않으면 붕우에게 믿음을 받지 못한다. 부모에게 효순하는 기본 도리가 있다. 자신을 돌이켜보고 성실하지 않으면 부모에게 효순할 수 없다. 자신을 성실하게 하는 데 도리가 있다. 선(善)을 밝게 알지 못하면 자신을 성실하게 할 수 없다.」

此又以在下位者 推言素定之意

反諸身不誠 謂反求諸身而所存所發 未能眞實而無妄也

不明乎善謂不能察於人心 天命之本然 而眞知至善之所在也.

> **(17)** 誠者 天之道也 誠之者 人之道也 誠者 不勉而中 不思而得 從容中道 聖人也 誠之者 擇善而固執之者也.

성자(는) 천지도야(요) 성지자(는) 인지도야(니라) 성자(는) 불면이중(하며) 불사이득(하여) 종용중도(하나니) 성인야(요) 성지자(는) 택선이고집지자야(니라).

「성(誠)은 하늘의 도리다. 성을 성실하게 받드는 것이 사람의 도리다. 성실하면 애쓰지 않고도 도에 맞고, 또 생각하지 않고도 태연자약하게 도에 맞게 된다. 〈이 경지가〉 바로 성인의 경지다. 성실하게 따르는 사람이 곧 선을 택하고 굳게 지키는[擇善固執] 사람이다.」

此承上文誠身而言 誠者眞實無妄之謂 天理之本然也

誠之者 未能眞實無妄而欲其眞實無妄之謂 人事之當然也

聖人之德 渾然天理 眞實無妄 不待思勉而從容中道 則亦天之道也

未至於聖 則不能無人欲之私 而其爲德 不能皆實 故未能不思而得 則必擇善然後 可以明善 未能不勉而中 則必固執而後 可以誠身 此則所謂人之道也

不思而得 生知也 不勉而中 安行也 擇善學知以下之事 固執利行以下之事也.

---

(18) 博學之 審問之 愼思之 明辨之 篤行之.

박학지 심문지(하며) 신사지 명변지(하며) 독행지(니라).

「넓게 많은 것을 배우고, 자세히 세밀하게 묻고, 신중하게 깊이 생각하고, 분명하고 바르게 식별하고, 그리고 독실하게 실천하고 행한다.」

此誠之之目也　學問思辨　所以擇善而爲知　學而知也　篤行　所以固執而爲仁　利而行也

程子曰　五者廢其一　非學也.

(19) 有弗學　學之　弗能　弗措也　有弗問　問之　弗知　弗措也　有弗思　思之　弗得　弗措也　有弗辨　辨之　弗明　弗措也　有弗行　行之　弗篤　弗措也　人一能之　己百之　人十能之　己千之.

유불학(이언정) 학지(인댄) 불능(을) 불조야(하며) 유불문(이언정) 문지(인댄) 불지(를) 불조야(하며) 유불사(이언정) 사지(인댄) 불득(을) 불조야(하며) 유불변(이언정) 변지(인댄) 불명(을) 불조야(하며) 유불행(이언정) 행지(인댄) 불독(을) 불조야(하야) 인일능지(이) 기백지(하며) 인십능지(어든) 기천지(니라).

「배우지 않는 수도 있다. 그러나 일단 배우면 잘하지 못하면 그만두지 않는다. 묻지 않는 수도 있다. 그러

나 일단 의문을 품고 물었다면, 잘하지 않고서는 그
만두지 않는다. 생각을 않을 수는 있다. 그러나 일단
생각을 한 이상, 잘하지 않고서는 그만두지 않는다.
사리를 변별하지 않을 수는 있다. 그러나 일단 변별
한 이상, 잘 밝히지 않고서는 그만두지 않는다. 행하
지 않을 수는 있다. 그러나 일단 행한 이상, 독실하게
하지 않고서는 그만두지 않는다. 남이 한 번으로 잘
한다면 나는 백 번을 하겠다. 남이 열 번으로 잘한다
면 나는 천 번을 하겠다.」

　　君子之學　不爲則已　爲則必要其成　故常百倍
其功　此困而知　勉而行者也　勇之事也.

(20) 果能此道矣　雖愚必明　雖柔必强.

과능차도의(면) 수우필명(하며) 수유필강(이니라).

「과연 〈이 다섯 가지 학문의 도를〉 능히 다할 수 있
으면 비록 어리석은 사람도 밝게 되고, 비록 유약한
사람도 강하게 된다.」

　　明者擇善之功　强者固執之效

　　呂氏曰　君子所以學者　爲能變化氣質而已　德
勝氣質　則愚者可進於明　柔者可進於强　不能

勝之　則雖有志於學　亦愚不能明　柔不能立而
已矣

蓋均善而無惡者性也　人所同也　昏明强弱之禀
不齊者才也　人所異也　誠之者所以反其同　而
變其異也　夫以不美之質　求變而美　非百倍其
功　不足以致之

今以鹵莽滅裂之學　或作或輟　以變其不美之質
及不能變　則曰天質不美　非學所能變　是果於
自棄　其爲不仁甚矣.

[右第二十章]

此引孔子之言　以繼大舜文武周公之緒　明其所
傳之一致　擧而措之　亦猶是爾　蓋包費隱　兼小
大　以終十二章之意　章內　語誠始詳　而所謂誠
者　實此篇之樞紐也

又按孔子家語　亦載此章而其文尤詳　成功一也
之下　有公曰　子之言　美矣至矣　寡人實固不足
以成之也　故其下　復以子曰　起答辭　今無此問
辭而猶有子曰二字

蓋子思刪其繁文　以附于篇而所刪有不盡者　今
當爲衍文也　博學之以下　家語無之　意彼有闕

文 抑此或子思所補也歟.

제 21 장 ┃ 총 1 절

(1) 自誠明 謂之性 自明誠 謂之敎 誠則明
矣 明則誠矣.

자성명(은) 위지성(이요) 자명성(은) 위지교(이니) 성
즉명의(오) 명즉성의(니라).

성실함으로써 밝게 됨은 〈바로〉 본성대로 함을 이르
는 말이다. 밝게 앎으로써 성실하게 됨은 〈바로〉 가
르침을 이르는 말이다. 성실하게 하면 밝아진다. 밝으
면 성실하게 된다.

自由也 德無不實 而明無不照者 聖人之德 所
性而有者也 天道也

先明乎善 而後能實其善者 賢人之學 由敎而
入者也 人道也

誠則無不明矣 明則可以至於誠矣.

[右第二十一章]

子思承上章 夫子天道人道之意而立言也 自此
以下十二章 皆子思之言 以反覆推明此章之意.

제 22 장 ▌ 총 1절

(1) 唯天下至誠 爲能盡其性 能盡其性 則能
盡人之性 能盡人之性 則能盡物之性 能
盡物之性 則可以贊天地之化育 可以贊
天地之化育 則可以與天地參矣.

유천하지성(이아) 위능진기성(이니) 능진기성 즉능진인
지성(이오) 능진인지성 즉능진물지성(이오) 능진물지성
즉가이찬천지지화육(이오) 가이찬천지지화육 즉가이여
천지참의(니라).

천하에서는 지성(至誠)이라야 본성을 다할 수 있다.
본성을 다할 수 있어야 본성 속의 도리를 다할 수 있
다. 본성을 다할 수 있어야 사물의 도리를 다 알고 처
리할 수 있다. 사물의 도리를 다할 수 있어야 천지의
화육(化育)에 협찬할 수 있다. 천지 화육에 협찬할
수 있어야 천지가 〈만물을 낳고 키우는 데〉 참여할
수 있다.

天下至誠 謂聖人之德之實 天下莫能加也 盡
其性者 德無不實 故無人欲之私 而天命之在
我者 察之由之 巨細精粗 無毫髮之不盡也

人物之性 亦我之性 但以所賦形氣不同 而有
異耳 能盡之者 謂知之無不明 而處之無不當
也 贊猶助也 與天地參 謂與天地並立 而爲三
也 此自誠而明者之事也.

[右第二十二章]

言天道也.

제 23 장 ┃ 총 1 절

> (1) 其次致曲 曲能有誠 誠則形 形則著 著
> 則明 明則動 動則變 變則化 唯天下至
> 誠 爲能化.

기차(는) 치곡(이니) 곡능유성(이니) 성즉형(하고) 형
즉저(하고) 저즉명(하고) 명즉동(하고) 동즉변(하고)
변즉화(이니) 유천하지성(이라야) 위능화(이니라).

그 다음은 부분적으로 성(誠)을 덕(德)으로 나타내

는 단계다. 부분적으로 성을 덕으로 나타낼 수 있어
야 한다. 성실하면 형상이 생긴다. 형상이 생기면 나
타나 보인다. 나타나 보이면 곧 밝게 빛이 난다. 밝게
빛이 나면 움직인다. 움직이면 변하고, 변하면 다른
것으로 화(化)한다. 오직 천하 만물은 성실해야 능히
변화하게 할 수 있다.

其次 通大賢以下 凡誠有未至者而言也 致推
致也 曲一偏也

形者積中而發外 著則又加顯矣 明則又有光輝
發越之盛也 動者誠能動物 變者物從而變 化
則有不知其所以然者

蓋人之性 無不同 而氣則有異 故惟聖人能擧
其性之全體而盡之 其次 則必自其善端發見之
偏 而悉推致之 以各造其極也

曲無不致 則德無不實 而形著動變之功 自不
能已 積而至於能化 則其至誠之妙 亦不異於
聖人矣.

[右第二十三章]

言人道也.

제 24 장 ▎ 총 1 절

(1) 至誠之道 可以前知 國家將興 必有禎祥
國家將亡 必有妖孽 見乎蓍龜 動乎四體
禍福將至 善必先知之 不善必先知之 故
至誠如神.

지성지도(는) 가이전지(니) 국가장흥(에) 필유정상(하며) 국가장망(에) 필유요얼(하야) 현호시귀(하며) 동호사체(라) 화복장지(에) 선(을) 필선지지(하며) 불선(을) 필선지지(니) 고지성(은) 여신(이니라).

지극한 정성으로 만물을 낳고 키우는 하늘의 도리는 미리 알 수 있다. 나라가 장차 흥하려고 하면 반드시 상서로운 징조가 있고, 나라가 장차 쇠망하려고 하면 반드시 요괴(妖怪)한 흉조가 있다. 그와 같은 징조는 점치는 시초(蓍草)나 귀갑(龜甲)에도 나타나고, 사람의 몸이나 손발의 움직임에도 나타난다. 화나 복이 바야흐로 닥치려 할 때에는 좋은 것도 반드시 먼저 알게 하고, 좋지 않은 것도 먼저 알게 한다. 고로 지성은 신과 같다.

禎祥者福之兆 妖孽者禍之萌 蓍所以筮 龜所
以卜 四體謂動作威儀之間 如執玉高卑 其容

俯仰之類

凡此皆理之先見者也 然唯誠之至極 而無一毫
私僞留於心目之間者 乃能有以察其幾焉 神謂
鬼神.

[右第二十四章]

言天道也.

제 25 장 │ 총 3 절

(1) 誠者自成也 而道自道也.

성자(는) 자성야(요) 이도(는) 자도야(니라).

성(誠)은 스스로 이루어진다. 도(道)는 스스로 따르
고 행하는 도리이다.

言誠者 物之所以自成 而道者 人之所當自行
也 誠以心言本也 道以理言用也.

(2) 誠者物之終始 不誠無物 是故君子誠之爲貴.

성자(는) 물지종시(니) 불성(이면) 무물(이니) 시고
(로) 군자(는) 성지위귀(니라).

성(誠)은 모든 사물의 끝이고 처음이다. 성실하지 않
으면 사물이 없다. 그러므로 군자는 성실을 귀하게
여긴다.

天下之物 皆實理之所爲 故必得是理然後 有
是物 所得之理 旣盡 則是物亦盡 而無有矣

故人之心 一有不實 則雖有所爲 亦如無有 而
君子必以誠爲貴也

蓋人之心 能無不實 乃爲有以自成 而道之在
我者 亦無不行矣.

(3) 誠者 非自成己而已也 所以成物也 成己
仁也 成物 知也 性之德也 合內外之道
也 故時措之宜也.

성자(는) 비자성기이이야(라) 소이성물야(니) 성기(는)
인야(요) 성물(은) 지야(니) 성지덕야(라) 합내외지도
야(니) 고(로) 시조지의야(니라).

성(誠)은 자성(自成)만이 아니다. 다른 사물도 이룬

다. 자기를 이루는 것이 곧 인(仁)이다. 다른 사물을 이루는 것이 곧 지(知)이다. 〈성실은〉 곧 본성의 덕(德)이다. 이는 곧 속과 밖을 하나 되게 하는 도리이다. 고로 때를 맞추어 옳고 바르게 해야 한다.

誠雖所以成己　然旣有以自成　則自然及物　而道亦行於彼矣

仁者體之存　知者用之發　是皆吾性之固有　而無內外之殊　旣得於己　則見於事者　以時措之而皆得其宜也.

[右第二十五章]

言人道也.

제 26 장 | 총 10 절

(1) 故至誠無息.

고(로) 지성(은) 무식(이라).

고로 지성은 쉬지 않는다.

旣無虛假　自無間斷.

(2) 不息則久 久則徵.

불식즉구(하고) 구즉징(하니라).

쉬지 않아야 오래 간다. 오래 지속해야 징험이 나타
난다.

久常於中也　徵驗於外也.

(3) 徵則悠遠 悠遠則博厚 博厚則高明.

징즉유원(하고) 유원즉박후(하고) 박후즉고명(하니라).

징험(徵驗)이 유연하고 멀리 나타난다. 유연하고
멀리 나타나면 곧 넓게 번지고 두텁게 쌓인다. 넓
고 두터우므로 곧 고대(高大)하고 광명(光明)하게
된다.

此皆以其驗於外者言之

鄭氏所謂　至誠之德　著於四方者是也　存諸中
者旣久　則驗於外者　益悠遠而無窮矣　悠遠故
其積也

廣博而深厚　博厚故其發也　高大而光明.

(4) 博厚 所以載物也 高明 所以覆物也 悠久 所以成物也.

박후(는) 소이재물야(요) 고명(은) 소이복물야(요) 유구(는) 소이성물야(니라).

박후(博厚)는 모든 사물을 싣는 바탕이다. 고명(高明)은 모든 사물을 한결같이 통괄하는 바탕이다. 유구(悠久)는 모든 사물을 성취하는 바탕이다.

悠久卽悠遠 兼內外而言之也 本以悠遠致高厚 而高厚又悠久也 此言 聖人與天地 同用.

(5) 博厚配地 高明配天 悠久無疆.

박후 배지(하고) 고명 배천(하고) 유구(는) 무강(이니라).

박후(博厚)는 땅의 덕과 합치한다. 고명(高明)은 하늘의 덕과 합치한다. 유구(悠久)는 무궁무진한 덕과 합치한다.

此言 聖人與天地 同體.

(6) 如此者 不見而章 不動而變 無爲而成.

여차자 불현이장(하며) 부동이변(하며) 무위이성(이
니라).

이 같은 〈도와 덕은〉 보지 않아도 아름답게 나타난다.
움직이지 않아도 변하게 된다. 조작하지 않아도 이루
어진다.

見猶視也 不見而章 以配地而言也 不動而變
以配天而言也 無爲而成 以無疆而言也.

> **(7) 天地之道 可一言而盡也 其爲物不貳 則
> 其生物 不測.**

천지지도(는) 가일언이진야(이니) 기위물(이) 불이(라)
즉기생물(이) 불측(이니라).

천지의 도는 한마디로 말할 수 있다. 그것은 둘이 아
니고 〈하나인 성(誠)이다.〉 그러면서 〈성은〉 만물을
헤아릴 수 없이 많이 낳고 키운다.

此以下 復以天地 明至誠無息之功用 天地之
道可一言而盡 不過曰誠而已 不貳所以誠也
誠故不息而生物之多 有莫知其所以然者.

(8) 天地之道 博也 厚也 高也 明也 悠也
久也.

천지지도(는) 박야 후야 고야 명야 유야 구야(니라).

천지의 도는 넓게 퍼지고, 두텁게 쌓이고, 높게 오르고, 밝게 빛나고, 유연하게 뻗어나고, 또 오래 지속한다.

言 天地之道 誠一不貳 故 能各極其盛 而有下文生物之功.

(9) 今夫天斯昭昭之多 及其無窮也 日月星辰繫焉 萬物覆焉 今夫地一撮土之多 及其廣厚 載華嶽而不重 振河海而不洩 萬物載焉 今夫山一卷石之多 及其廣大 草木生之 禽獸居之 寶藏興焉 今夫水一勺之多 及其不測 黿鼉蛟龍魚鼈生焉 貨財殖焉.

금부천(이) 사소소지다(이니) 급기무궁야(하야는) 일월성신(이) 계언(하며) 만물(이) 복언(이니라) 금부지

(이) 일촬토지다(이니) 급기광후(하야는) 재화악이부중
(하며) 진하해이불설(하며) 만물(이) 재언(이니라) 금
부산(이) 일권석지다(이니) 급기광대(하야는) 초목(이)
생지(하며) 금수(이) 거지(하며) 보장(이) 흥언(이니
라) 금부수(이) 일작지다(이니) 급기불측(하야는) 원타
교룡어별(이) 생언(하며) 화재(이) 식언(이니라).

하늘은 매우 맑고 빛이 난다. 무궁함에 이르러서는
일월성신(日月星辰)을 매달고, 또 자연 만물을 덮
고 있다. 대지는 한줌의 흙이 많이 모인 것이다. 넓
고 두터워 화산(華山)이나 악산(嶽山)을 싣고도 무
겁게 여기지 않고, 또 강이나 바다의 물을 담고도
새지 않게 하고, 또 만물을 싣고 생육(生育)하고
있다. 산은 한 덩어리 돌들이 많이 모인 것이다. 광
대하여 초목들이 살아 우거지고 금수가 살고 보물
을 감추고 있다.
물은 한 국자의 양이다. 〈그러나〉 헤아릴 수 없이
많이 모인 〈강이나 바다에는〉 큰 자라, 악어, 이무
기, 용, 물고기, 자라 등이 살아 번식하며 보화를 불
어나게 한다.

　昭昭猶耿耿　小明也　此指其一處而言之　及其
無窮　猶十二章及其至也之意　蓋擧全體而言也
振收也　卷區也　此四條　皆以發明由其不貳不

息 以致盛大而能生物之意 然天地山川 實非
由積累而後大 讀者不以辭害意可也.

(10) 詩云 維天之命 於穆不已 蓋曰 天之所
以爲天也 於乎不顯 文王之德之純 蓋
曰 文王之所以爲文也 純亦不已.

시운 유천지명(이) 오목불이(라하니) 개왈 천지소이위
천야(이오) 오호불현(가) 문왕지덕지순(이라하니) 개왈
문왕지소이위문야(이니) 순역불이(니라).

시경 주송 유천지명편(維天之命篇)에 있다. 『참으로
하늘의 명이 깊고 그윽하며 끝남이 없다.』〈이 구절
은〉 무릇 하늘의 하늘 됨을 말한 것이다.
『아아, 나타나지 않으랴. 문왕의 덕이 순수하시니.』
〈시경의 이 구절은〉「무릇 문왕의 문왕 되심을 말한
것이다. 즉 〈문왕의〉 순수한 덕도 끝이 없다는 뜻을
말한 것이다.」

詩 周頌維天之命篇 於歎辭 穆深遠也 不顯猶
言豈不顯也 純純一不雜也 引此以明至誠無息
之意

程子曰 天道不已 文王純於天道 亦不已 純則

無二無雜 不已則無間斷先後.

[右第二十六章]

言天道也.

제 27 장 ┃ 총 7 절

(1) 大哉 聖人之道.

대재(라) 성인지도(여).

위대하다, 성인의 도.

包下文兩節而言.

(2) 洋洋乎 發育萬物 峻極于天.

양양호 발육만물(하야) 준극우천(이로다).

넘치고 출렁이노라. 만물로 하여금 스스로 나타나 자라게 한다. 높고 위대함이 하늘까지 도달하노라.

峻高大也 此言 道之極於至大 而無外也.

(3) 優優大哉 禮儀三百 威儀三千.

우우대재(라) 예의삼백(과) 위의삼천(이로다).

참으로 우아하고 성대하다. 큰 예의가 3백 가지나 되고, 작은 위의 범절이 3천 가지나 된다.

> 優優 充足有餘之意 禮儀 經禮也 威儀 曲禮也 此言 道之入於至小而無間也.

(4) 待其人 而後行.

대기인이후(에) 행(이니라).

성인이 나타나야 비로소 행하게 된다.

> 總結上兩節.

(5) 故曰 苟不至德 至道不凝焉.

고왈 구부지덕(이면) 지도불응언(이라하니라).

고로 말한다. 「지극한 덕이 아니면, 지극한 도가 응결되지 않는다.」

至德謂其人 至道指上兩節而言 凝聚也成也.

**(6) 故君子 尊德性而道問學 致廣大而盡精
微 極高明而道中庸 溫故而知新 敦厚以
崇禮.**

고(로) 군자 존덕성이도문학(이니) 치광대이진정미(하
며) 극고명이도중용(하며) 온고이지신(하며) 돈후이숭
례(니라).

고로 군자는 덕성을 높이고 도를 묻고 배운다.〈힘과
정성을〉광대하게 하고 정미(精微)하게 한다. 지극히
고명하게 중용의 도를 따르고 행한다.'온고이지신
(溫故而知新)''돈후이숭례(敦厚以崇禮)'이다.

尊者 恭敬奉持之意 德性者 吾所受於天之正
理 道由也 溫猶燖溫之溫 謂故學之矣 復時習
之也 敦加厚也

尊德性 所以存心 而極乎道體之大也 道問學
所以致知 而盡乎道體之細也 二者 修德凝道
之大端也

不以一毫私意自蔽 不以一毫私欲自累 涵泳乎

其所已知 敦篤乎其所已能 此皆存心之屬也
析理則不使有 毫釐之差 處事 則不使有過不
及之謬 理義 則日知其所未知 節文 則日謹其
所未謹 此皆致知之屬也
蓋非存心無以致知 而存心者又不可以不致知
故此五句 大小相資 首尾相應 聖賢所示入德
之方 莫詳於此 學者宜盡心焉.

(7) 是故 居上不驕 爲下不倍 國有道 其言
足以興 國無道 其默足以容　詩曰 旣明
且哲 以保其身 其此之謂與.

시고(로) 거상불교(하며) 위하불배(라) 국유도(에) 기
언(이) 족이흥(이오) 국무도(에) 기묵(이) 족이용(이
니) 시왈 기명차철(하야) 이보기신(이라하니) 기차지위
여(인져).

그러므로 군자는 위에서도 교만하지 않고, 아래에서
도 어긋나지 않는다. 나라에 도가 있으면 그의 말이
족히 나라를 흥하게 한다. 나라에 도가 없으면 그의
침묵이 용납될 것이다. 시경 대아 중민편(烝民篇)에

있다.『이미 밝고 또 지혜롭게, 자기 몸을 보전한다.』이 시가 바로 이를 말한 것이다.

興謂興起 在位也 詩大雅烝民之篇.

[右第二十七章]

言人道也.

제 28 장 ▎ 총 5 절

> **(1) 子曰 愚而好自用 賤而好自專 生乎今之世 反古之道 如此者 栽及其身者也.**

자왈 우이호자용(하며) 천이호자전(이요) 생호금지세(하야) 반고지도(면) 여차자(는) 재급기신자야(니라).

공자가 말했다.「어리석으면서 제 뜻대로 한다. 천박하면서 제멋대로 한다. 오늘의 세상에 태어나 살면서 옛날부터 내려온〈역사적 하늘의 도리를〉반대하려고 한다. 이 같이 하는 자들에게는 재난이 몸에 미칠 것이다.」

以上孔子之言 子思引之 反復也.

(2) 非天子 不議禮 不制度 不考文.

비천자(면) 불의례(하며) 부제도(하며) 불고문(이니라).

천자가 아니면 예를 논하지 말며, 제도를 제정하지 말며, 문서를 살펴보지 않는다.

此以下 子思之言 禮親疎貴賤相接之體也 度 品制 文書名.

(3) 今天下 車同軌 書同文 行同倫.

금천하 거동궤(하며) 서동문(하며) 행동륜(이니라).

오늘의 천하에서는 〈주(周)나라 천자(天子)가 제정한 바에 따라〉 수레의 규격이 통일되고, 글이나 서류의 문자가 통일되고, 행동의 윤리규범이 통일되어 있다.

今子思自謂當時也 軌轍迹之度 倫次序之體 三者皆同 言天下一統也.

(4) 雖有其位 苟無其德 不敢作禮樂焉 雖有 其德 苟無其位 亦不敢作禮樂焉.

수유기위(나) 구무기덕(이면) 불감작례악언(이며) 수유
기덕(이나) 구무기위(면) 역불감작례악언(이니라).

자리에 있어도 그에 어울리는 덕이 없으면 감히 예악
이나 문물제도를 정하지 못한다. 그만한 덕이 있어도
그 자리에 있지 않으면 역시 예악을 제작할 수 없다.

鄭氏曰 言作禮樂者 必聖人 在天子之位.

**(5)   子曰 吾說夏禮 杞不足徵也 吾學殷禮
有宋存焉 吾學周禮 今用之 吾從周.**

자왈 오설하례(나) 기부족징야(요) 오학은례(호니) 유
송(이) 존언(이어니와) 오학주례(호니) 금용지(라) 오
종주(호리라).

공자가 말했다. 「내가 하나라의 예(禮)를 논하려고
해도, 하의 후예인 기(杞)나라의 증거자료가 부족하
다. 나는 은나라의 예를 배워서 알고 있으며 〈은의
후손이 봉해진〉 송(宋)나라가 있기도 하다. 나는 주
(周)나라의 예를 배워서 잘 알고 있다. 오늘은 주례
(周禮)가 쓰이고 있다. 그러므로 나는 주(周)를 따
르겠다.」

此又引 孔子之言 杞夏之後 徵證也 宋殷之後

三代之禮 孔子皆嘗學之 而能言其意 但夏禮
旣不可考證 殷禮雖存 又非當世之法 惟周禮
乃時王之制 今日所用 孔子旣不得位 則從周
而已.

[右第二十八章]

承上章 爲下 不倍而言 亦人道也.

제 29 장 │ 총 6절

(1) 王天下 有三重焉 其寡過矣乎.

왕천하(이) 유삼중언(이니) 기과과의호(인져).

왕이 되어, 만민을 다스리는 데는 세 가지 중대한 일
이 있다. 자신의 과실이 없어야 한다.

呂氏曰 三重謂 議禮 制度 考文 惟天子得以行
之 則國不異政 家不殊俗 而人得寡過矣.

(2) 上焉者 雖善無徵 無徵不信 不信民弗從 下焉者 雖善不尊 不尊不信 不信民弗從.

상언자(는) 수선(이나) 무징(이니) 무징(이라) 불신(이
오) 불신(이라) 민불종(이니라) 하언자(는) 수선(이나)
부존(이니) 부존(이라) 불신(이오) 불신(이라) 민불종
(이니라).

윗사람은 선해도 징조가 없다. 징조가 없으므로 믿을
수 없다. 믿을 수 없으므로 백성들이 따르지 않는다.
아랫사람은 비록 선해도 존귀하지 못하다. 존귀하지
못하므로 믿지 않는다. 믿지 않으니 백성들이 따르지
않는다.

上焉者 謂時王以前 如夏商之禮 雖善而皆不
可考 下焉者 謂聖人在下 如孔子 雖善於禮 而
不在尊位也.

(3) 故君子之道 本諸身 徵諸庶民 考諸三王
而不謬 建諸天地而不悖 質諸鬼神而無
疑 百世以俟聖人而不惑.

고(로) 군자지도(는) 본제신(하야) 징제서민(하며) 고
제삼왕이불류(하며) 건제천지이불패(하며) 질제귀신이
무의(하며) 백세이사성인이불혹(이니라).

고로 임금이나 군자의 도는 자신의 몸을 바탕으로

하고 백성에게 사실로 나타내야 한다. 하(夏)·은
(殷)·주(周)의 임금을 계고(稽考)해도 잘못되지
않는다. 〈덕을〉 하늘과 땅에 세우고 어긋나지 않아
야 한다. 귀신에게 질정(質正)해도 의아한 점이 없
어야 한다. 백세 후에 성인에게 물어도 아무런 의혹
이 없을 것이다.

> 此君子 指王天下者而言 其道 卽議禮制度考
> 文之事也 本諸身有其德也 徵諸庶民 驗其所
> 信從也 建立也 立於此而參於彼也
>
> 天地者道也 鬼神者造化之迹也 百世以俟聖人
> 而不惑 所謂聖人復起 不易吾言者也.

(4) 質諸鬼神 而無疑 知天也 百世以俟聖人 而不惑 知人也.

질제귀신이무의(는) 지천야(요) 백세이사성인 이불혹
(은) 지인야(니라).

귀신에 질정해도 의아함이 없음은 곧 하늘의 도리를
알고 다스림이다. 백세 후에 성인을 기다려 물어도
미혹하지 않음은, 곧 사람의 도리를 알고 다스림이다.

> 知天 知人 知其理也.

(5) 是故 君子動而世爲天下道 行而世爲天
下法 言而世爲天下則 遠之則有望 近之
則不厭.

시고(로) 군자 동이세위천하도(이니) 행이세위천하법
(하며) 언이세위천하칙(이라) 원지즉유망(이오) 근지즉
불염(이라).

그러므로 임금의 행동은 바로 천하 만민이 따르고 행
할 도가 된다. 임금의 행함이 바로 천하 만민의 법도
가 된다. 임금의 말이 바로 천하 만민의 준칙이 된다.
먼 나라에서도 우러러보고, 이웃 사람들도 싫어함이
없느니라.

動 兼言行而言 道 兼法則而言 法 法度也 則
準則也.

(6) 詩曰 在彼無惡 在此無射 庶幾夙夜 以
永終譽 君子未有不如此 而蚤有譽於天
下者也.

시왈 재피무오(하며) 재차무역(이라) 서기숙야(하야)
이영종예(라하니) 군자(이) 미유불여차 이조유예어천하

자야(니라).

시경 주송 진로편(振鷺篇)에 있다.『저기서도 미워하지 않고, 여기서도 싫어하지 않는다. 바라노니 이른 아침부터 밤늦게까지 열심히 해서, 영원히 영광(榮光)과 명예(名譽)를 끝까지 지키고 빛을 내게 하자.』군자는 이와 같이 하지 않고서는 일찍이 천하에 이름을 낸 사람이 없었다.

詩 周頌振鷺之篇 射厭也 所謂此者 指本諸身 以下六事而言.

[右第二十九章]

承上章 居上不驕而言 亦人道也.

제 30 장 ▌ 총 3 절

> **(1) 仲尼 祖述堯舜 憲章文武 上律天時 下 襲水土.**

중니(는) 조술요순(하시고) 헌장문무(하시며) 상률천시(하시고) 하습수토(하시니라).

중니(仲尼)는 요(堯)와 순(舜)임금을 조술(祖述)하

셨다. 문왕(文王)과 무왕(武王)을 헌장(憲章)하시
고, 위로는 하늘의 때를 율법(律法)으로 삼으셨고,
아래로는 물과 흙의 기능을 따르셨다.

> 祖述者 遠宗其道 憲章者 近守其法 律天時者
> 法其自然之運 襲水土者 因其一定之理 皆兼
> 內外該本末而言也.

(2) 辟如天地之 無不持載 無不覆幬 辟如四
時之錯行 如日月之代明.

비여천지지무부지재(하며) 무불부도(하며) 비여사시지
착행(하며) 여일월지대명(이니라).

비유하면 하늘과 땅이 만물을 받치고 실어주고, 또
덮고 보호해주지 않음이 없음과 같다. 비유하면 사계
절이 바뀌어 나감과 같고, 해와 달이 바뀌면서 낮과
밤이 교체함과 같다.

> 錯猶迭也 此言聖人之德.

(3) 萬物竝育 而不相害 道竝行而不相悖 小
德川流 大德敦化 此天地之所以爲大也.

만물(이) 병육 이불상해(하며) 도병행(하며) 이불상패
(라) 소덕(은) 천류(이오) 대덕(은) 돈화(이니) 차(이)
천지지소이위대야(니라).

자연 만물이 다 함께 자라나고 있다. 그러나 서로 해
치지 않는다. 도나 도리가 함께 행해지고 나가지만
서로 반대하고 어긋나지 않는다. 소덕(小德)은 냇물
처럼 저마다 흐르고, 대덕(大德)은 〈천지 자연 만물
을〉 돈독하고 후하게 조화하고 번성하게 한다. 그러
므로 천지를 위대하다고 말하는 것이다.

悖猶背也 天覆地載 萬物並育於其間而不相害
四時日月 錯行代明而不相悖

所以不害不悖者 小德之川流 所以並育並行
者 大德之敦化 小德者 全體之分 大德者 萬
殊之本

川流者 如川之流 脉絡分明而往不息也 敦化
者 敦厚其化 根本盛大而出無窮也 此言天地
之道 以見上文取譬之意也.

[右第三十章]

言天道也.

제 31 장 ┃ 총 4 절

> **(1) 唯天下至聖 爲能聰明睿知 足以有臨也 寬裕溫柔 足以有容也 發强剛毅 足以有 執也 齊莊中正 足以有敬也 文理密察 足以有別也.**

유천하지성 위능총명예지(이) 족이유림야(이니) 관유온유(이) 족이유용야(이며) 발강강의(이) 족이유집야(이며) 제장중정(이) 족이유경야(이며) 문리밀찰(이) 족이유별야(니라).

오직 천하의 지극한 성인만이 능히 총명과 예지로 백성에게 임할 수 있다. 관용과 온유한 태도로 족히 〈모든 사람들을〉 포용할 수 있다. 강함을 발휘하고, 굳세고 의연한 태도로 족히 정의를 고십할 수 있다. 단정하고 장중하고 중정(中正)한 태도로 족히 예(禮)를 차리고 공경할 수 있다. 학문이나 글의 문리를 세밀하게 살피고, 족히 사물의 도리를 분별할 수 있다.

聰明睿知 生知之質 臨謂居上 而臨下也 其下 四者 乃仁義禮智之德 文文章也 理條理也 密 詳細也 察明辨也.

(2) 溥博淵泉 而時出之.

보박연천(하야) 이시출지(니라).

성인의 지극한 지(知)와 덕(德)이 두루 돌고 넓게 퍼지고, 깊은 못에서 샘솟듯이 솟아나온다. 그리고 때맞추어 나타난다.

溥博周徧而廣闊也 淵泉靜深而有本也 出發見也 言五者之德 充積於中 而以時發見於外也.

(3) 溥博如天 淵泉如淵 見而民莫不敬 言而民莫不信 行而民莫不說.

보박(은) 여천(하고) 연천(은) 여연(이라) 현이민막불경(하며) 언이민막불신(하며) 행이민막불열(이니라).

성인의 덕이 두루 돌고 넓게 퍼짐이 마치 하늘과 같고, 또 성인의 덕이 깊은 못의 샘처럼 솟아, 넓은 못 같이 고인다. 성인의 덕이 발현하면 만민이 공경하지 않음이 없고, 성인의 덕을 말로 하면 만민이 믿지 않음이 없고, 성인의 덕을 행하면 만민이 기뻐하지 않음이 없다.

言其充積極其盛 而發見當其可也.

(4) 是以 聲名洋溢乎中國 施及蠻貊 舟車所
至 人力所通 天之所覆 地之所載 日月
所照 霜露所隊 凡有血氣者 莫不尊親
故曰配天.

시이(로) 성명(이) 양일호중국(하야) 이급만맥(하야)
주거소지(와) 인력소통(과) 천지소부(와) 지지소재(와)
일월소조(와) 상로소추(에) 범유혈기자(이) 막부존친
(하니) 고왈배천(이니라).

고로 성인의 명성이 중국에 넘쳐 퍼지고 오랑캐나 야
만 민족이 사는 지방에까지 미치고 뻗는다. 배나 수
레가 갈 수 있는 곳, 사람의 힘으로 갈 수 있는 곳, 하
늘이 덮고 있는 곳, 땅이 싣고 있는 곳, 해와 달이 비
치는 모든 곳, 서리와 이슬이 내리는 곳, 〈어디에서
니〉 혈기를 가진 모든 사람은 성인 공자를 존경하고
친애하지 않는 사람이 없다. 그러므로 공자를 하늘에
비기고 하늘과 짝한다고 말하는 것이다.

舟車所至以下　蓋極言之　配天言其德之所及
廣大如天也.

[右第三十一章]

承上章而言小德之川流 亦天道也.

제 32 장 ┃ 총 3 절

> **(1) 唯天下至誠 爲能經綸天下之大經 立天下之大本 知天地之化育 夫焉有所倚.**

유천하지성(이아) 위능경륜천하지대경(하면) 입천하지대본(하며) 지천지지화육(이니) 부언유소의(리오).

천하에서 가장 지성(至誠)된 사람은 천하의 대경(大經)이 되는 오상(五常)을 바르게 다스릴 수 있고, 또 천하의 대본(大本)이 되는 본성의 천리(天理)를 온전하게 세울 수 있다.
또 천지의 화육(化育)의 도리를 알고 행할 수 있다. 어찌 〈다른 것을〉 의지하겠는가.

經綸皆治絲之事 經者理其緒 而分之 綸者比其類 而合之也 經常也 大經者五品之人倫 大本者所性之全體也

惟聖人之德 極誠無妄 故於人倫 各盡其當然之實 而皆可以爲天下後世法 所謂經綸之也

其於所性之全體 無一毫人欲之僞以雜之 而天下之道千變萬化 皆由此出 所謂立之也

其於天地之化育　則亦其極誠無妄者有默契焉
非但聞見之知而已
此皆至誠無妄自然之功用　夫豈有所倚著於物
而後能哉.

(2) 肫肫其仁 淵淵其淵 浩浩其天.

　　순순기인(이며) 연연기연(이며) 호호기천(이니라).

지성스럽고 믿음직한 그의 인덕(仁德)이, 고요하고
깊은 못 같고, 높고 넓은 하늘 그대로이다.

　　肫肫懇至貌　以經綸而言也　淵淵靜深貌　以立
本而言也　浩浩廣大貌　以知化而言也　其淵其
天　則非特如之而已.

(3) 苟不固 聰明聖知 達天德者 其孰能知之.

　　구불고 총명성지 달천덕자(이면) 기숙능지지(리오).

참으로 천성으로 타고난 총명성지(聰明聖知)로 하늘
의 덕(德)에 도달한 사람이 아니면, 그 누가 능히 알
고 잘 다스릴 수 있겠는가.

固猶實也 鄭氏曰 唯聖人能之聖人也.

[右第三十二章]

承上章而言 大德之敦化 亦天道也

前章言至聖之德 此章言至誠之道 然至誠之道
非至聖不能知 至聖之德 非至誠不能爲 則亦
非二物矣

此篇言聖人天道之極致至此 而無以加矣.

제 33 장 　 총 6 절

(1) 詩曰 衣錦尙絅 惡其文之著也 故君子之
道 闇然而日章 小人之道 的然而日亡 君
子之道 淡而不厭 簡而文 溫而理 知遠之
近 知風之自 知微之顯 可與入德矣.

시왈 의금상경(이라하니) 오기문지저야(이라) 고(로)
군자지도(는) 암연이일장(하고) 소인지도(는) 적연이일
망(하나니) 군자지도(는) 담이불염(하며) 간이문(하며)
온이리(니) 지원지근(하며) 지풍지자(하며) 지미지현
(이면) 가여입덕의(리라).

시경에 있다. 『비단옷을 입고, 밖에 홑옷을 덧입는다.』〈그 이유는〉비단옷의 문채(紋彩)가 드러나는 것을 싫어하기 때문이다. 고로 군자의 도는 어두운 듯하나 날로 빛이 나고, 소인의 도는 뚜렷하지만 날로 시들어진다. 군자의 도는 담박하면서도 싫증나지 않고, 간결하면서도 문채가 난다. 온화하면서도 조리가 바르다. 그러므로 원대한 일도 가까운 일에서 비롯됨을 알고, 바람이 불어도 그 근원을 알고, 은미한 것이 밖으로 나타남을 알아야 한다. 그래야 도에 들어갈 수 있다.

前章 言聖人之德 極其盛矣 此復自下學 立心之始言之 而下文 又推之 以至其極也

詩 國風衛碩人 鄭之丰 皆作衣錦褧衣 褧絅同禪衣也

尙加也 占之學者爲己 故其立心如此 尙絅 故闇然 衣錦 故有日章之實 淡簡溫 絅之襲於外也 不厭而文且理焉 錦之美在中也

小人反是 則暴於外而無實以繼之 是以的然而日亡也

遠之近 見於彼者 由於此也 風之自 著乎外者本乎內也 微之顯 有諸內者 形諸外也

有爲己之心 而又知此三者 則知所謹而可入德
矣 故下文引詩 言謹獨之事.

**(2) 詩云 潛雖伏矣 亦孔之昭 故君子 內省
不疚 無惡於志 君子之所不可及者 其唯
人之 所不見乎.**

시운 잠수복의(나) 역공지소(라하니) 고(로) 군자(는)
내성불구(하야) 무오어지(니) 군자지소불가급자(는) 기
유인지소불견호(인져).

시경 소아(小雅) 정월편(正月篇)에 있다. 『〈물고기
가〉 물속에 엎드려 있어도 역시 밝게 드러나 보인다.』
고로 군자는 자기가 속으로 반성해서 병폐가 없어야
하고, 자기 마음에 부끄러움이 없어야 한다. 〈사람이〉
군자를 따를 수 없음은 〈군자는〉 남들이 보지 않는
곳에서도 스스로 근신(謹愼)함이다.

詩 小雅正月之篇 承上文 言 莫見乎隱 莫顯乎
微也 疚病也 無惡於志 猶言無愧於心 此君子
謹獨之事也.

(3) 詩云 相在爾室 尙不愧于屋漏 故君子
不動而敬 不言而信.

시운 상재이실(혼대) 상불괴우옥루(라하니) 고(로) 군
자(는) 부동이경(하며) 불언이신(이니라).

시경 대아(大雅) 억편(抑篇)에 있다.『그대가 방안에
있는 것을 보고, 구석방에서도 부끄럽지 않기를 바라
노라.』고로 군자는 움직이지 않아도 남들이 공경하
고, 말하지 않아도 남들이 믿는다.

詩 大雅抑之篇 相視也 屋漏室西北隅也 承上
文 又言 君子之戒謹恐懼 無時不然 不待言動
而後敬信 則其爲己之功 盒加密矣 故下文引
詩 幷言其效.

(4) 詩曰 奏假無言 時靡有爭 是故君子 不
賞而民勸 不怒而民威於鈇鉞.

시왈 주격무언(하야) 시미유쟁(이라하니) 시고(로) 군
자(는) 불상이민권(하며) 불노이민위어부월(이니라).

시경 상송(商頌) 열조편(烈祖篇)에 있다.『제단 앞

에 나가서 〈정성으로 제사를 드리면〉 신령이 감동하여 강림한다. 〈그래서 사람들도 감동하고〉 말없이 조용하다.』 그러므로 임금이 상을 주지 않아도 백성들이 스스로 부지런히 일하고, 임금이 성을 내지 않아도 백성들이 작두나 도끼보다 더 두려워한다.

詩 商頌烈祖之篇 奏進也 承上文 而遂及其效 言進而感格於神明之際 極其誠敬 無有言說而 人自化之也 威畏也 鈇莝 斫刀也 鉞斧也.

> **(5) 詩曰 不顯惟德 百辟其刑之 是故君子篤 恭 而天下平.**

시왈 불현유덕(을) 백벽기형지(라하니) 시고(로) 군자(는) 독공 이천하평(이니라).

시경 주송(周頌) 열문편(烈文篇)에 있다. 『천자의 드러나지 않는 덕을 모든 임금, 즉 제후들이 본받고 따른다.』 그러므로 천자가 독실하고 공경하고 〈덕을 드러내 보이지 않아도〉 천하가 평화롭게 다스려진다.

詩 周頌烈文之篇 不顯說見二十六章 此借引 以爲幽深玄遠之意 承上文 言天子有不顯之德 而諸侯法之 則其德愈深 而效愈遠矣 篤厚也

篤恭言不顯其敬也 篤恭而天下平 乃聖人至德
淵微 自然之應 中庸之極功也.

(6) 詩云 予懷明德 不大聲以色 子曰 聲色
之於以化民末也 詩云 德輶如毛 毛猶有
倫 上天之載 無聲無臭 至矣.

시운 여회명덕(의) 부대성이색(이라하야늘) 자(이) 왈
성색지어이화민(에) 말야(라하시니라) 시운 덕유여모
(이라하니) 모유유륜(어니와) 상천지재 무성무취(아)
지의(니라).

시경 대아(大雅) 황의편(皇矣篇)에 있다. 『나는 그
대의 명덕을 좋게 생각한다. 큰 소리를 내지 않고, 얼
굴빛을 꾸미지 않기 때문이다.』
〈이에 대해서〉 공자가 말했다. 「성색(聲色)을 가지고
백성을 교화하는 것은 말단에 속한다.」 〈그리고 공자
가 시경을 인용했다.〉 『덕은 가볍기가 터럭 같다.』
〈그리고 또 공자가 말했다.〉 「터럭은 그래도 비교할
것이 있다.」 〈그리고 또 시경의 말을 인용했다.〉 『하
늘은 만물을 낳고 키우는 일을 하면서도, 소리도 없
고 냄새도 없다.』

〈그리고 또 말했다.〉「이렇게 하는 것이 지극한 경지이다.」

詩 大雅皇矣之篇 引之以明上文所謂不顯之德者 正以其不大聲與色也

又引孔子之言以爲聲色 乃化民之末務 今但言不大之而已 則猶有聲色者存 是未足以形容不顯之妙

不若烝民之詩所言 德輶如毛 則庶乎可以形容矣 而又自以爲謂之毛 則猶有可比者 是亦未盡其妙 不若 文王之詩所言 上天之事無聲無臭 然後 乃爲不顯之至耳

蓋聲臭 有氣無形 在物 最爲微妙 而猶曰 無之故惟此可以形容不顯篤恭之妙 非此德之外 又別有是三等然後爲至也.

[右第三十三章]

子思因前章極致之言 反求其本 復自下學爲己謹獨之事 推而言之 以馴致乎篤恭而天下平之盛 又贊其妙 至於無聲無臭而後已言

蓋擧一篇之要而約言之 其反復丁寧示人之意至深切矣 學者其可不盡心乎.

찾아보기

ㅁ

ㅂ

ㅅ

ㅇ

ㅈ

大學章句集註 · 中庸章句集註

초판 인쇄 – 2010년 6월 20일
초판 발행 – 2010년 6월 25일

校　閱 – 金 東 求

발행인 – 金 東 求

발행처 – 명 문 당(창립 1923년 10월 1일)
　　　　서울특별시 종로구 안국동 17-8
　　　　우체국 010579-01-000682
　　　　전 화 (02) 733-3039, 734-4798
　　　　FAX (02) 734-9209
　　　　Homepage www.myunmundang.net
　　　　E-mail mmdbook1@kornet.net
　　　　등록 1977.11.19. 제1-148호

■

* 낙장 및 파본은 교환해 드립니다.
* 불허 복제
* 정가　12,000원
ISBN 978-89-7270-954-9　93140